NATANAEL OLIVEIRA

NÃO ME FAÇA DORMIR

O MANUAL PARA VOCÊ VENDER TODOS OS DIAS USANDO A INTERNET

São Paulo, 2018
www.dvseditora.com.br

COMO ATIVAR O BOTÃO DE COMPRA ESCONDIDO NO CÉREBRO HUMANO

NÃO ME FAÇA DORMIR
O MANUAL PARA VOCÊ VENDER TODOS OS DIAS USANDO A INTERNET

Copyright© DVS Editora 2018
Todos os direitos para a território brasileiro reservados pela editora.

Nenhuma parte deste livro poderá ser reproduzida, armazenada em sistema de recuperação, ou transmitida por qualquer meio, seja na forma eletrônica, mecânica, fotocopiada, gravada ou qualquer outra, sem autorização por escrito do autor, nos termos da Lei nº 9.610/1998.

Capa: Natália Sasso Gomide

Diagramação: Schaeffer Editorial

Revisão: Alessandra Angelo

```
Dados Internacionais de Catalogação na Publicação (CIP)
          (Câmara Brasileira do Livro, SP, Brasil)

    Oliveira, Natanael
        Não me faça dormir : o manual para você vender
    todos os dias usando a Internet / Natanael
    Oliveira. -- São Paulo : DVS Editora, 2018.

        ISBN 978-85-8289-198-8

        1. Comércio eletrônico 2. Internet (Rede de
    computadores) 3. Marketing digital 4. Planejamento
    estratégico 5. Serviço ao cliente 6. Sucesso em
    vendas 7. Vendas I. Título.

18-20528                                 CDD-658.85
            Índices para catálogo sistemático:

    1. Internet : Vendas : Marketing digital :
          Administração    658.85

        Cibele Maria Dias - Bibliotecária - CRB-8/9427
```

NATANAEL OLIVEIRA

NÃO ME FAÇA DORMIR

O MANUAL PARA VOCÊ VENDER TODOS OS DIAS USANDO A INTERNET

São Paulo, 2018
www.dvseditora.com.br

COMO ATIVAR O BOTÃO DE COMPRA ESCONDIDO NO CÉREBRO HUMANO

Agradecimentos

Agradeço a Deus,

A minha esposa Iaponira, por me apoiar em todos os projetos. Agradeço a minha filha Melissa, por me inspirar e agradeço aos meus pais, João Feitosa e Jucileide porque prepararam o caminho para mim com todo o trabalho e dedicação.

Agradeço aos nossos mais de 31.000 alunos ao redor do mundo e agradeço a minha equipe que tem estado comigo durante essa incrível jornada.

Agradeço aos empresários que compartilham comigo todos os seus bastidores e desafios. Foi através desses bastidores que surgiu o método para ajudar os empresários na meta de vender todos os dias.

Sumário

Introdução – De onde vem o lucro?..9

Capítulo 1 – A Maneira Mais Fácil Para
Perder a Batalha do Posicionamento.................................. 15

Capítulo 2 – Como Medir o Sucesso da sua Mensagem? 23

Capítulo 3 – Os Seis Estímulos para Ativar o Cérebro Reptiliano 29

Capítulo 4 – Como Alterar o Estado Mental da sua Audiência............ 49

Capítulo 5 – Como Criar uma Rotina na sua Empresa
para Gerar Vendas Todos os Dias 59

Capítulo 6 – A Lei da Recorrência e o Modelo
de Negócios Baseado na Jornada 81

Capítulo 7 – Lei do Cliente como o Centro da Estratégia.....................99

Capítulo 8 – A Lei do Mercado..113

Capítulo 9 – Como Criar Discursos Lucrativos:
o Segredo para que o seu Público Lembre da sua
Mensagem e Compre o seu Produto/Serviço...................123

Capítulo 10 – O Segredo Para Atrair Pessoas Para
Ouvir Sua Mensagem 143

Conclusão – Palavras finais..151

Introdução

DE ONDE VEM O LUCRO?

Todo mundo concorda que uma empresa precisa da internet para aumentar as suas vendas, faturamento e lucro. Mas ao mesmo tempo, boa parte dos empresários concordam que dominar o processo de vendas online é hoje o seu maior desafio.

A verdade é que 99% dos empresários e profissionais de marketing digital no Brasil estão completamente perdidos quanto o assunto é vender usando a internet. Já os outros 1% estão enriquecendo e acumulando lucros cada vez maiores.

Nesse livro eu quero te convidar a conhecer a única coisa que você precisa dominar se o seu objetivo é gerar vendas através da internet. Melhor do que simplesmente vender, nesse livro eu vou te ajudar a aprender como vender todos os dias.

Sempre que você ler a frase: vender todos os dias, eu gostaria que você pensasse em uma venda completa. Em outras palavras, uma venda previsível, com uma boa margem de lucro e que possa ser repetida vez após vez.

Pense sobre isso: De onde vem o lucro? Sério, pare um pouco e reflita sobre isso.

De onde vem o lucro?

Vamos começar pelo básico. O lucro vem dos clientes. Mas eu te convido a pensar de uma maneira um pouco mais completa.

Se o lucro vem do cliente, e o seu cliente está na internet, eu posso dizer que na internet está o seu lucro? Certo ou errado?

Eu te prometo que vai ficar mais simples. Um pouco de paciência.

O ponto-chave que eu quero te convidar a refletir durante os próximos capítulos é extremamente simples.

A maioria dos empresários acham que o simples fato de "estarem na internet" é o suficiente para conseguir impactar os seus possíveis clientes e então gerar lucro.

Outros defendem que a meta principal é conseguir chamar a atenção. O que não é uma verdade completa.

O grande ponto é conseguir transformar atenção em uma ação de compra. Essa é a grande meta.

Como conseguir usar a internet para atrair o seu cliente ideal, chamar a sua atenção e conseguir gerar uma ação de venda. Tudo isso de uma maneira simples, organizada e lucrativa.

Infelizmente, milhares de empresários ao redor do Brasil estão tentando dominar assuntos técnicos, ferramentas digitais, e coisas do tipo.

Quando na verdade, o que você realmente precisa é aprender a chamar atenção, despertar o interesse, criar um desejo e gerar uma ação de compra.

O Segredo do Futuro Digital está no passado

Em 1898 o conceito (AIDA) foi apresentado.

» Atenção

» Interesse

» Desejo

» Ação

1898 foi revelado o "segredo" para vender todos os dias usando a internet. Sim, afinal, esse é o exato processo que você precisa para conseguir vender todos os dias usando a internet.

A única diferença é que você irá chamar a atenção das pessoas usando a internet, irá despertar o interesse no ambiente online, irá criar desejos com estratégias online e a compra irá acontecer online (ou não).

É nesse simples processo que se esconde o segredo que pode fazer com que a sua empresa venda todos os dias usando a internet.

Como evitar o maior erro que você pode cometer ao tentar vender usando a internet

Atrás de cada tela, seja de um notebook ou celular, existe uma pessoa de carne, osso, sentimentos, medos e desejos. Em outras palavras, existe uma vida do outro lado da tela.

Se você dominar as técnicas para chamar atenção da mente do seu público, se você conseguir despertar sentimentos, criar um desejo ardente pelo seu produto, você vende mais, com menos resistência e muito mais velocidade.

E é exatamente sobre isso que essa obra se trata.

Como o livro é divido?

Esse livro é divido em três partes principais.

Na primeira parte eu vou te mostrar como chamar a atenção da mente do seu público. Nessa parte eu vou explicar de uma maneira simples, conceitos complexos sobre como nossa mente funciona no processo de prestar atenção em algo.

Na segunda parte eu vou falar sobre como usar esses conceitos científicos nas suas campanhas de marketing. Como criar uma rotina perfeitamente desenhada para vender todos os dias usando a internet.

É nessa parte que você irá entender como funciona o que eu chamo de campanhas de vendas online. Aqui está o passo a passo para você vender com mais previsibilidade, segurança e lucro.

Na terceira e última parte eu vou te mostrar na prática o como fazer. Sim, esse é um material inédito explicando exatamente quais as técnicas para chamar atenção, despertar o interesse, criar desejo e gerar uma ação de compra.

Mais do que isso, eu vou te guiar em cada uma das etapas para você criar a sua primeira campanha de vendas online, usando o que existe de mais avançado e poderoso para vender usando a internet.

Esse livro será a diferença entre você "ser visto" na internet versus você desenvolver a habilidade de prender a atenção do seu público e criar um desejo ardente pelo seu produto/serviço.

Tudo o que você irá aprender nesse livro, será capaz de aumentar sua margem de lucro, aumentar o seu volume de vendas, eliminar as objeções para comprar o seu produto e fazer com que você pare de ficar perdendo tempo e dinheiro com estratégias que não funcionam.

Esse será o seu manual oficial para vender todos os dias. Um manual prático, que já nas primeiras recomendações podem gerar resultados que até então, você não acreditasse que fosse possível.

Eu sei que tudo isso pode parecer um pouco exagerado. Mas rapidamente você irá perceber que eu estou sendo "conservador" nas minhas promessas.

Espero que você leia esse livro o mais rápido que você puder. Deixar para depois pode ficar muito caro.

Por que?

Os seus concorrentes podem fazer isso primeiro que você. Já no primeiro capítulo você irá entender o porquê você não deveria deixar isso acontecer.

Chegou o momento de você finalmente usar a internet do jeito certo e lucrativo. Prepare-se para conhecer os conceitos, técnicas e estratégias que irão te fazer vender todos os dias durante um ano.

Boa jornada!

Boas vendas!

E seja bem-vindo a comunidade

#EuVendoTodosOsDias

Capítulo **1**

A MANEIRA MAIS FÁCIL PARA PERDER A BATALHA DO POSICIONAMENTO

Parte 01 – Como chamar e prender a atenção da mente

> "Marketing é uma guerra mental. São as ideias que estão na cabeça das pessoas que determinam se um produto terá sucesso ou não."
>
> *Al Ries*

Ou você aprende a prender a atenção do seu público e fazer com que ele o acompanhe do começo ao fim durante a apresentação da sua mensagem de vendas ou você vai perder dinheiro com publicidade.

Existe um pensamento atual que diz: "A atenção das pessoas está cada vez menor." Eu discordo. O que acontece hoje é que existem muitas coisas que não merecem nossa atenção e por isso nós não prestamos atenção. Simples assim.

Existem frases que dizem: "As pessoas não têm paciência para assistir vídeos muito longos."

Mentira! O vídeo é que é muito chato ou desinteressante.

O que justifica algumas pessoas realizarem as chamadas "Maratonas de Séries" e passarem horas e horas assistindo um episódio após o outro?

Quando existe interesse, existe atenção. Quando o ser humano está prestando atenção, o tempo é percebido de uma maneira completamente diferente.

O grande segredo é conseguir criar uma mensagem que faça com que o "Tempo seja relativo" para a sua audiência.

Quando você consegue gerar aquele sentimento de:

"Nossa! Eu não percebi o tempo passar!", você ganhou a batalha mental.

Porém, se você não conseguir segurar a atenção do seu público, você perdeu essa batalha.

Ou você aprende a transformar sua mensagem de vendas em algo interessante, ao ponto de **"assaltar a mente"** do seu público, ou você vai perder feio.

Eu espero que nesse exato momento durante essa leitura você esteja empolgado com esse texto ao ponto de falar: **"Nossa! Isso está muito bom, eu vou continuar lendo esse livro!"**

Se eu conseguir gerar esse sentimento em você, saiba que isso é um resultado do que você aprenderá durante as próximas linhas.

O que você descobrirá nas próximas páginas fará você <u>vender mais com menor esforço e com mais lucratividade</u>.

Durante toda a leitura desse livro você aprenderá conceitos, estratégias e princípios capazes de posicionar o seu nome, empresa ou produto na mente do seu público. Você entenderá também como transformar esse posicionamento em vendas diárias.

Esse não é um livro apenas para ser lido, mas decorado.

Esse livro pode ser divido em apenas dois conceitos principais, são eles:

01 – O segredo do futuro do marketing está no passado:

Em vez de ficar sendo levado pelos conceitos "inovadores" e todos os novos termos bonitos que na sua essência retomam aos princípios básicos do marketing, se dedique em dominar o que vem funcionando ao longo dos séculos.

Posicionamento e construção de uma mensagem única
deveria ser sua grande prioridade.

02 – Não faça o seu público dormir.
Não seja entediante:

Aprenda como escrever, gravar ou falar usando estratégias de comunicação que ative o **"instinto de sobrevivência"** do ser humano.

Lembre-se: sem atenção não existe nenhuma ação.

Não me Faça Dormir: é o pedido desesperado do seu futuro cliente.

Durante os últimos anos conceitos como "Persuasão", "Influência" e "Gatilhos Mentais" têm se espelhado no meio dos profissionais de marketing e vendas.

A ideia de usar recursos quase que "hipnóticos" para gerar um comportamento de compra do público é o que tem sido apresentado como uma "fórmula mágica" para vender.

Porém, na prática o que temos visto mais uma vez, é que na mesma proporção que essas estratégias e "técnicas" vão se popularizando, **sua eficiência começa a diminuir drasticamente**.

A questão é que quando todos começam a usar esse mesmo **atalho**, todas as vantagens rapidamente vão embora.

Eu realmente recomendo que você não fique procurando atalhos, não fique buscando receitas, mas entenda a base do que funciona e use isso ao seu favor.

Assim como uma piada que você já sabe antes mesmo dela chegar ao final, recursos repetidos exaustivamente por profissionais de marketing é o que têm feito muitas empresas perderem muitas vendas, todos os dias.

O cérebro reptiliano é a nossa grande meta.

O nosso cérebro é dividido em três partes:

01 – Cérebro reptiliano:

Responsável pelo nosso instinto **de sobrevivência, lutar ou correr**. Nossos estímulos primitivos de autopreservação.

Por essa razão ele é o grande **decisor** se algo merece nossa atenção ou não. Se a mensagem for aceita pelo cérebro reptiliano ela continuará sua viagem pelos outros dois cérebros.

Por exemplo: você está dentro de um teatro assistindo a um show e de repente você é chamado ao palco. Você sente muito medo, coração acelera, você fica nervoso. Esse é seu instinto de sobrevivência entrando em ação.

Você não tem o controle da situação e por isso não consegue pensar em outra coisa durante aqueles minutos que é chamado ao palco.

Ou seja, total atenção.

02 – Sistema límbico:

Responsável pelas nossas **emoções e comportamentos sociais**. Aqui nosso cérebro faz o gerenciamento da maneira mais "apropriada" que devemos agir de acordo com cada situação.

Ao contrário do cérebro reptiliano que é mais reativo à situação atual, o sistema límbico já faz a utilização de memórias anteriores com relação àquela situação para definir qual o sentimento adequado e qual o comportamento ideal.

Por exemplo: imagine que você está sentado assistindo uma peça de teatro, você dormiu boa parte da peça e não gostou muito da apresentação.

Mas ao final, toda a plateia fica em pé aplaudindo fervorosamente o espetáculo. Você ficará sentado ou em pé acompanhando o comportamento das outras pessoas?

Esse é o sistema límbico em ação, regulando nossos comportamentos sociais baseados no contexto social.

03 – Neocórtex:

Nosso cérebro mais "moderno" que entra em ação para processos de **tomadas de decisões mais importantes ou para momentos de aprendizagem**.

O neocórtex quer entender a situação como um todo, ver os detalhes, entender a lógica do que está sendo dito ou apresentado.

Ele é responsável pelas conexões neurais, faz o cruzamento das informações que têm como objetivo fixar determinado conhecimento.

Por exemplo: imagine que você voltou do teatro e decidiu entender por qual razão as pessoas gostaram tanto daquela peça. Então você assiste um documentário sobre a história daquela apresentação e começa a entender que os movimentos realizados no show foram criados há muitos anos, são de difícil execução e exigem anos e anos de treino.

Após entender o quão complexo foi aquela apresentação, você passa a dar uma importância maior para o que assistiu. Esse foi o neocórtex em ação.

A melhor maneira de conseguir a atenção total do ser humano consiste em conversar com os três cérebros, porém, para conseguir ter acesso ao **sistema límbico e ao neocórtex você precisa obrigatoriamente chamar a atenção do cérebro reptiliano**.

Esse é o nosso grande desafio. Esse talvez seja um dos tópicos **menos** conhecido dos profissionais de marketing e vendas, por essa razão as peças publicitárias e cartas de vendas têm se tornado cada vez menos interessantes.

É por não ter esse conhecimento que muitas empresas investem em anúncios que não irão gerar resultados, palestras que as pessoas vão embora sem comprar nada e vídeo de vendas gravados com equipamentos de última geração, porém, que serão ignorados logo após os primeiros minutos.

Durante toda essa leitura você terá nas suas mãos um manual de como conversar com o seu público de uma maneira fisiologicamente impossível de ser ignorada, uma conversa mental que manterá o seu público "<u>acordado</u>" e <u>preso à sua mensagem do começo ao fim</u>.

Você será capaz de fazer isso quando descobrir como conversar com **o cérebro reptiliano do seu público**.

Não faz parte do objetivo desse livro discutir minuciosamente questões científicas acerca do funcionamento do cérebro humano, afinal, não é a minha especialidade e tampouco existe a pretensão desse livro ousar tratar de um assunto tão complexo.

O nosso objetivo é usar somente a parte relacionada à maneira como as pessoas recebem uma mensagem, como usar os estímulos certos para fazer com que o seu público preste atenção na sua mensagem.

Não existe nenhuma garantia que as pessoas irão de fato realizar uma compra com o uso desses recursos, no entanto, a aplicação correta desses conceitos fará com que você tenha sucesso em segurar a atenção do seu público para ouvir o que você tem a dizer prestando atenção.

Em outras palavras, <u>quanto maior a atenção maiores as chances de finalizar uma venda</u>. Em vez de ficar tentando aprender "como vender" a minha proposta é que você se dedique a aprender "<u>como prender a atenção do meu público</u>".

Lembre-se: sem atenção, gatilho mental nenhum funciona.

Capítulo **2**

COMO MEDIR O SUCESSO DA SUA MENSAGEM?

Existem duas maneiras extremamente simples de identificar se a sua mensagem conseguiu falar com o cérebro reptiliano, ou seja, se você cumpriu a grande meta do "Não me Faça Dormir".

A primeira métrica é o **tempo** e a segunda é a **ação após a mensagem**. Em outras palavras, você consegue identificar se a sua mensagem foi realmente poderosa quando as pessoas dedicam tempo para assistir, ler ou ouvir o que você está apresentando.

A segunda parte consiste na ação final, ou seja, quando você finalizou sua mensagem e fez uma oferta, a pessoa comprou.

Existe uma relação direta entre **"Tempo e Compra"**, quanto mais o seu público se dedicar em ouvir sua mensagem com atenção, bem maiores serão as chances que <u>uma ação de compra aconteça</u>.

Antes de olhar para o **"Tempo de permanência"** de um vídeo como a métrica mais importante de todas, lembre-se que <u>existe uma grande diferença entre simplesmente assistir a um vídeo ou assistir a um vídeo com atenção</u>.

Eu preciso que você preste muita atenção no que irei lhe explicar nas próximas linhas, por isso peço que você pare qualquer outra atividade ou evite distrações durante as próximas linhas desse capítulo.

O NOSSO CÉREBRO E A NOÇÃO DO TEMPO

Eu peço que você tenha um pouco de paciência, pois nesse momento será necessário entrar em uma parte um pouco teórica, com relação à chamada **"Noção do tempo"**, porém, eu garanto que isso será fundamental para aprimorar sua habilidade de escrever ou falar para vender.

Existe um conceito no meio dos neurocientistas dos chamados dois tempos, são eles:

1. Tempo Objetivo.
2. Tempo Relativo.

O **tempo objetivo** consiste quando observamos o tempo em horas, minutos e segundos.

Já o **tempo relativo** está ligado à maneira como nosso cérebro faz a conexão entre o tempo objetivo e o nosso relógio biológico.

Esses relógios biológicos possuem características diferentes. Por exemplo: enquanto você está lendo esse texto, você pode estar calculando o tempo médio para terminar esse capítulo, mas ao mesmo tempo você pode estar pensando qual o tempo para sua próxima refeição.

Em resumo: o nosso corpo está o tempo todo fazendo cálculos com base em nossas experiências com relação ao tempo e assim decidimos se algo vale nosso tempo ou não.

"Natanael, o que isso tem a ver com publicidade, copywriting e vender todos os dias?"

Todas as peças irão se juntar na sua mente nas próximas linhas. Eu prometo. Existem duas coisas que alteram a noção de tempo do ser humano.

Uma tem relação direta com substâncias químicas que geram alterações do estado mental. Aqui também entra por exemplo uma boa dose de café.

Como o café tende a gerar uma maior atividade cerebral, o rápido processamento da memória faz com que a percepção de tempo aconteça de maneira diferente.

Pensamentos lentos fazem com que a noção do tempo objetivo seja mais **perceptível,** porém, **pensamentos acelerados** fazem com que a noção do **tempo objetivo seja menor.**

<u>Em outras palavras, quanto mais acelerado os seus pensamentos, menor é sua percepção de tempo.</u>

Mas você não tem como obrigar que o seu público tome uma boa dose de café para assistir sua carta de vendas ou ler seu texto, correto?

Felizmente, existe uma segunda maneira que faz com que a noção de tempo seja perdida, que é quando o nosso cérebro coloca 100% de atenção em algo, isto é, foco.

A noção de que **"o tempo passou rápido demais hoje"** significa em outras palavras: **"Eu não estava prestando atenção no tempo."**

A única maneira de alterar a noção de tempo no ser humano é quando acontece uma alteração no <u>estado mental</u>. É por essa razão que filmes e séries conseguem segurar nossa atenção por horas e horas, pois quando o filme consegue alterar nosso estado mental, paramos de prestar atenção no tempo e começamos a acompanhar a história.

É um estado de alteração mental e foco total, isto é, a mente está 100% focada na mensagem e não no tempo.

Em resumo: se você **conseguir** alterar o estado mental do seu público durante a apresentação da sua mensagem, ele perderá a noção do **"Tempo Objetivo"** e estará **100% focado na sua mensagem.**

Como atenção gera uma possível ação, suas chances de vender aumentam drasticamente. Isso significa que a principal meta da sua publicidade deve seguir essa sequência exata:

1. Falar com o cérebro reptiliano.
2. Alterar o estado mental gerando foco total.
3. Eliminar a noção de tempo objetivo.
4. Conversar com o sistema límbico.
5. Conversar com o neocórtex.
6. Apresentar a oferta.
7. Realizar uma chamada de ação.

Essa é a **exata sequência** para você criar uma mensagem de vendas extremamente poderosa.

Durante os próximos capítulos discutiremos cada um desses tópicos e esse será o seu template mestre de como escrever uma mensagem que prenda a atenção do seu público e seja capaz de gerar vendas todos os dias.

Capítulo **3**

OS SEIS ESTÍMULOS PARA ATIVAR O CÉREBRO REPTILIANO

Eu decidi investir profundamente na relação do cérebro <u>reptiliano com estratégias de copywriting</u> a partir de um estudo apresentado por Dr. Christophe Morin, da empresa SalesBrain.

O que irei lhe apresentar, de uma maneira simplificada nas próximas linhas, é baseado no estudo de Christophe. Porém, decidi seguir um caminho um pouco diferente.

Morin sempre discute o cérebro reptiliano apresentando anúncios, como por exemplos: cartazes, comerciais em TV, outdoors, etc.

O meu interesse foi na utilização desse conhecimento como base para a escrita de cartas de vendas ou o roteiro de vídeos de vendas e palestras.

Meu grande objetivo foi entender os bastidores de mensagens de vendas sendo entregues através de <u>estratégias de marketing de resposta direta, ou seja, vídeos de vendas, webinars, artigos no blog, e-books, etc.</u>

Na minha visão, a grande massa dos empresários não realizam mais investimentos em TV e rádio, mas na internet, especialmente utilizando mídias sociais e email-marketing.

Portanto, toda a minha linha de pesquisa está dedicada na aplicação desse conhecimento em estratégias de marketing de resposta direta usando e-mail marketing, ofertas diretas e campanhas de vendas online.

1 hora e 23 minutos por dia

Uma hora e 23 minutos por dia foi uma estimativa feita acerca do tempo que cada usuário em média dedica na Netflix.

O cálculo total mostra um volume de 42,5 bilhões de horas assistidas em 2015 por todos os usuários. Quando esse dado é colocado anualmente por usuários temos uma média de 505 horas de Netflix por ano para cada usuário ativo.

De fato existe uma grande diferença entre o tempo que nós dedicamos em um momento de lazer como assistir a um filme ou seriado, quando o assunto é assistir a uma apresentação de vendas.

No entanto, o nosso grande objetivo com o estudo apresentado neste livro é exatamente identificar quais os elementos existem dentro dos filmes e seriados que conseguem prender nossa atenção para que os mesmos elementos sejam utilizados em uma apresentação de vendas.

Pense um pouco sobre isso. **Por que existem filmes que você ama e outros que você não aguenta assistir dez minutos sequer?**

Essa é a mesma relação entre ofertas que irão prender sua atenção e ofertas que você irá ignorar completamente.

O roteiro é um dos elementos fundamentais para um bom filme ou seriado, porém, não adianta simplesmente ter uma boa história se no momento da gravação alguns elementos ficarem de fora.

Esses elementos estão diretamente ligados aos estímulos que chamam atenção do nosso cérebro reptiliano.

Ou você começa a fazer esse **checklist** na sua carta de vendas, e-mails e palestras ou suas chances de ser ignorado aumentam drasticamente.

Aqui estão os 6 estímulos:

1. Interesse próprio
2. Contraste
3. Tangibilidade
4. Ideia de começo e fim

5. Estímulos visuais
6. Emoção

01 - Interesse próprio

Tem relação direta com o **nosso instinto de sobrevivência, nossa vaidade e nosso ego.** Tudo aquilo que percebemos que poderá nos prejudicar ou nos favorecer, temos uma grande tendência em prestar mais atenção.

Na sua comunicação sempre coloque os interesses do seu público em primeiro lugar. Fale mais sobre ele do que o seu produto.

Não é o quanto o seu produto é bom, mas o que o seu público ganhará com o seu produto/serviço ou o que ele está perdendo em não comprar.

02 - Contraste

Quente ou Frio, Dia ou Noite, Praia ou Serra. **Nosso cérebro reptiliano faz suas escolhas em contrastes muito claros.**

Eu gosto disso e não gosto daquilo. Sua mensagem precisa estabelecer cenários opostos.

Por exemplo: existem dois tipos de profissionais, aqueles que sabem criar mensagens de vendas poderosas, conseguem prender atenção do seu público e transformam essa atenção em vendas todos os dias.

E existem aqueles que não fazem ideia de como escrever ou falar para vender e todos os dias perdem muito dinheiro.

Qual dos dois grupos você faz parte?

Estabeleça cenários completamente opostos na mente do seu público.

Um deve tratar de todos os **aspectos negativos** de não ter o seu produto/serviço e o outro mostrando **todos os grandes benefícios.**

03 - Tangibilidade

Dê exemplos claros e que o seu público facilmente possa se identificar.

Por exemplo: ou você aprender a falar com o cérebro reptiliano do seu público ou você continuará perdendo dinheiro com os seus anúncios no Facebook. Todos os dias milhares de pessoas literalmente queimam dinheiro com anúncios absolutamente fracos, incapazes de criar o desejo de compra no seu público. Em outras palavras, <u>se você não melhorar sua comunicação você continuará com um saco furado na sua verba publicitária</u>.

Repare nos exemplos: Queimar dinheiro, Anúncios no Facebook, Anúncios Fracos, Saco Furado.

Todas essas palavras são capazes de significar algo para o meu público-alvo.

04 - Ideias de Começo e Fim

Mostre para o seu público a visão geral daquilo que você irá apresentar. O **cérebro reptiliano** tende a prestar mais atenção naquilo que ele consegue enxergar, ou seja, o que vem pela frente.

Por exemplo:

1. Interesse próprio
2. Contraste
3. Tangibilidade
4. Ideia de Começo e Fim
5. Estímulos Visuais
6. Emoção

Ou a própria organização desse livro:

1. Falar com o cérebro reptiliano
2. Alterar o estado mental gerando foco total
3. Eliminar a noção de tempo objetivo
4. Conversar com o sistema límbico

5. Conversar com o neocórtex
6. Apresentar a oferta
7. Realizar uma chamada de ação

Mesmo antes de explicar todos os pontos, deixe o seu público entender qual será a jornada.

05 - Estímulos visuais

Utilize recursos visuais e crie imagens mentais para prender a atenção do seu público.

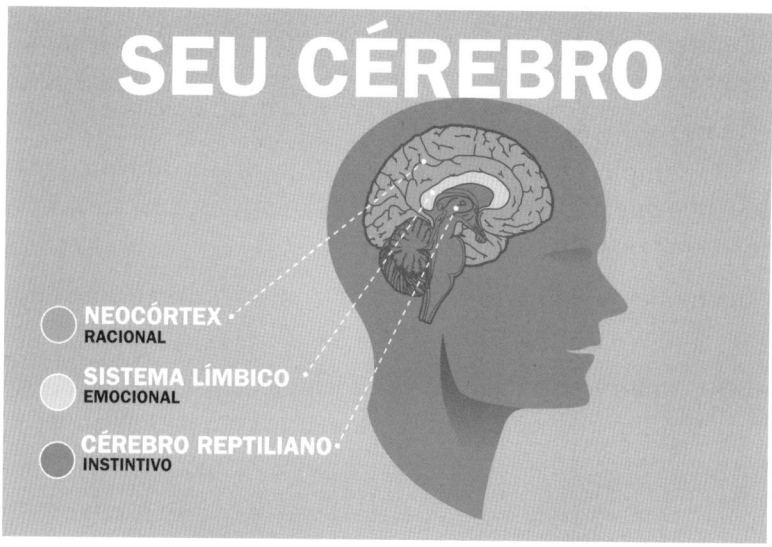

Percebe como é mais fácil prestar atenção?

A própria organização desse livro em **negrito, itálico e tópicos**, serve para estimular a atenção com elementos visuais. Porém, quando você consegue criar imagens visuais e ilustrativas daquilo que está apresentando o cérebro reptiliano é atraído mais rapidamente.

06 - Emoção

Apesar de ser algo mais subjetivo, quando destacamos as emoções mais básicas como **Raiva, Medo, Alegria, Tristeza**, fica mais fácil identificar a *melhor maneira de usar as emoções durante a escrita ou apresentação*.

Por exemplo: quando você tomar a decisão de se tornar membro VIP do nosso portal de membros você ganhará R$ 2.292,00 em bônus. Mas você precisa fazer isso ainda hoje. A oferta encerrará em algumas horas.

Eu realmente espero que você não perca essa oportunidade. (Esse é o elemento que apela para a emoção)

Assim como o trecho: "Você irá ganhar R$ 2.292,00 em bônus", perceba que exista uma comunicação mais direta.

Em vez de falar de maneira indireta: Os novos membros irão receber um bônus de R$ 2.292,00, a mensagem direta é mais poderosa, pois fala diretamente ao público.

Por exemplo: até quando você vai arriscar seu dinheiro em anúncios que sabe que não irão vender? Eu realmente espero que você mude isso antes que possa ser tarde demais.

Infelizmente, muita gente está rasgando dinheiro com anúncios feitos de maneira completamente errada.

Essa comunicação mais direta que apela para o aspecto emocional de ganho e perda, conversa diretamente com o cérebro reptiliano também.

Mais uma vez, não é o propósito desse livro aprofundar nas questões científicas da neurociência para justificar cada um dos seis elementos e muito menos explicar cada um deles de maneira aprofundada.

Nosso objetivo é fazer uma simples aplicação direta desse conhecimento na criação de ofertas e campanhas de vendas online com o objetivo de prender a atenção do público.

Ao final desse livro você estará mais preparado para criar uma mensagem utilizando todos os seis elementos, mas iremos nos atentar de maneira bem detalhada para alguns em específico.

Responda pergunta por pergunta: Por que eu deveria prestar atenção nisso?

Existem estudos que provam que o **som mais gratificante que uma pessoa pode escutar é o seu nome.** Por mais vaidoso que isso possa ser, existem inúmeras explicações para esse fenômeno.

Uma delas está relacionada aos nossos primeiros anos de vida, mais especificamente entre 1-2 anos de idade. Aquele momento de completa dependência e também total atenção, nossos nomes são repetidos inúmeras vezes.

Porém, é com o passar dos anos, na casa dos 5-10 anos que o nosso nome continua a ser repetido inúmeras vezes. A diferença é que nesse momento o nosso nome está relacionado a uma chamada de atenção.

Lembra da sua mãe ou o seu pai o chamando pelo nome completo? O primeiro pensamento era: O que será que eu aprontei?

Na escola durante anos, diariamente a chamada de presença nos faz prestar atenção ao momento que nosso nome é dito.

Em outras palavras, somos treinados durante anos da nossa vida a prestar atenção quando o nosso nome é dito.

Quando adultos, o simples fato de ouvirmos o nosso nome já gera esse reforço de atenção. É por isso que bons vendedores são bons de decorar nomes.

Mas nós não podemos citar o nome de todas as pessoas que estão lendo ou ouvindo uma carta de vendas. Felizmente, existem outros tipos de elementos que geram uma atenção imediata como o som do seu nome.

Atenção passageiros do voo "Não me Faça Dormir"

Imagine que você está no aeroporto esperando ansiosamente para embarcar e finalmente voltar para casa depois de quase 30 dias fora de casa, quando então vem a notícia que o seu voo foi **cancelado.**

Você recebe o aviso que em alguns instantes será feito um anúncio falando sobre qual será o procedimento e se será possível fazer a viagem ainda hoje.

É possível ouvir o barulho das pessoas conversando em voz alta, aquela confusão que ninguém consegue entender muita coisa, até que é feito um aviso no sistema de som do aeroporto: *"Atenção passageiros, temos um comunicado importante a fazer sobre o voo cancelado."*

No segundo seguinte todos estão em silêncio absoluto, você consegue ouvir o som do silêncio e todos estão totalmente atentos ao recado que será anunciado.

Quando o ser humano está em uma situação de dúvida, dor, ou preocupação com alguma situação em específico, toda e qualquer informação que possa solucionar esse problema ganha nossa total atenção.

Esse é o nosso instinto de sobrevivência em ação. Nosso cérebro tem como função básica solucionar problemas.

Apresente um problema para o seu cérebro e imediatamente ele buscará soluções para tirá-lo daquela situação o mais rápido possível.

Eu gosto de utilizar o exemplo do aeroporto ou até mesmo uma viagem ou um local diferente, **pois nesses contextos naturalmente o nosso cérebro fica mais atento.**

Porém, de uma maneira geral, o nosso público receberá nossos e-mails, vídeos e ofertas em meio ao seu habitat natural, ou seja, com grandes chances de distração.

Transforme o seu leitor no personagem principal da história

Nessa altura do livro o leitor já deve ter percebido que o grande segredo para conseguir prender a atenção do público está logo no começo da comunicação, isto é, conseguindo chamar a atenção do cérebro reptiliano.

Aprendemos também que o instinto de sobrevivência, que está diretamente ligado ao interesse próprio, é a principal porta de entrada para conversar com o cérebro reptiliano.

Outra informação extremamente importante que foi apresentada até o momento é de que quando falamos de uma situação de desafio, dúvida ou grande problema, o ser humano imediatamente para e presta atenção quando vê na sua frente uma informação que possa resolver esse conflito.

Nesse momento, irei mostrar na prática como os filmes nos colocam como personagens principais em suas histórias, em outras palavras, eles conseguem fazer com que o nosso cérebro reptiliano decida prestar atenção.

Antes de apresentar alguns exemplos práticos é preciso apresentar um conceito chamado de **"Neurônios espelhos"**.

De uma maneira bem simples e direta os neurônios espelhos, como o próprio nome diz, refletem internamente aquilo que os nossos olhos estão vendo externamente.

Por exemplo: imagine que você está assistindo a um filme e você vê uma pessoa levando uma forte queda e machucando feio as costas. É muito provável que involuntariamente se proteja exatamente na mesma região.

Quando você vê uma cena de um personagem importante de uma série quase sendo mordido por um zumbi, resistindo bravamente, mas a cada minuto chegam novos zumbis e ele tenta fugir, quando ele consegue aparece outro zumbi e quando ele vai ser mordido naquele último segundo alguém chega e salva o personagem.

UFA! Que alívio.

Isso acontece conosco o tempo todo durante um episódio mais animado de The Walking Dead, por exemplo.

Essa "falta de ar" que sentimos e apreensão quando o personagem está em apuros são os nossos neurônios espelhos em ação.

De uma maneira geral, nosso cérebro não diferencia muito bem o que é **realidade ou imaginação**, ou seja, quando estamos visualizando aquela cena, nosso cérebro é enganado e acha que aquilo está realmente acontecendo conosco.

Algumas pessoas ficam com o **coração acelerado** durante um episódio de uma série ou de um filme, sentem dor de barriga, choram, ficam nervosos, etc.

São todas reações químicas do nosso corpo sendo geradas por uma "ficção", porém, mesmo sabendo que aquilo não é verdade, nosso cérebro não tem uma diferenciação do que é real ou não.

Para o nosso cérebro tudo é realidade.

Colocar o seu público como personagem principal consiste em criar <u>situações descritivas que coloquem o seu público no centro da história</u>.

Eu fiz isso com você poucas linhas atrás. Vou relembrar o trecho:

Imagine você no aeroporto esperando ansiosamente para embarcar e finalmente voltar para casa depois de quase 30 dias fora de casa, quando então vem a notícia que o seu voo foi cancelado.

Você recebe o aviso que em alguns instantes será feito um anúncio falando sobre qual será o procedimento e se será possível fazer a viagem ainda hoje.

É possível ouvir o barulho das pessoas conversando em voz alta, aquela confusão que ninguém consegue entender muita coisa, até que é feito um aviso no sistema de som do aeroporto: "Atenção passageiros, temos um comunicado importante a fazer sobre o voo cancelado".

No segundo seguinte todos estão em silêncio absoluto, você consegue ouvir o som do silêncio e todos estão totalmente atentos ao recado que será anunciado.

Repare que eu o coloco como o personagem principal da história. Imagine VOCÊ no aeroporto. Você recebe o aviso.

O seu voo foi cancelado.

É praticamente **impossível** seu cérebro ignorar essas mensagens e muito provavelmente ele criou imagens mentais que o levaram para o aeroporto e você viveu essa experiência em primeira pessoa.

Eu irei utilizar o seriado Stranger Things como exemplo para exemplificar a aplicação <u>do conceito dos neurônios espelhos e também o cérebro reptiliano em ação.</u>

Repare nessa cena abaixo:

1. Ar de mistério
2. Porta fechada que será aberta em primeira pessoa (câmera direta)

Esse é um clássico exemplo de como colocar o espectador no centro da história. É importante notar que essas são as primeiras cenas do seriado, ou seja, o claro objetivo é prender a atenção do público já nos primeiros segundos.

A grande meta é **"assaltar a mente"** e ativar em segundos o cérebro reptiliano.

Vamos analisar mais alguns tomadas e entender como podemos usar esses mesmos elementos durante a **criação de uma carta de vendas, vídeo de vendas ou simplesmente escrevendo um e-mail.**

Logo mais, ainda nos primeiros segundos do primeiro episódio da primeira temporada, essa é a tomada que nos coloca como personagens principais da história.

Um determinado corredor no escuro e um ar de suspense do tipo: **"O que será que vem por aí? Que lugar é esse?"**

A imagem não mostra ninguém, você está em primeira pessoa, é uma clara simulação da visão de outra pessoa, porém, nesse momento o seu cérebro não sabe se isso é real ou não e você já está dentro da situação como se fosse você.

Logo na sequência o personagem entra no elevador, porém, nesse momento ele não está sozinho, nós estamos juntos com ele no meio dessa situação.

Os neurônios espelhos já entraram em ação e todo o medo do personagem já pode ser facilmente transferido para o espectador.

Os Seis Estímulos para Ativar o Cérebro Reptiliano **- 43**

Na sequência da cena, o personagem é atacado por algo misterioso.

Tudo isso acontece em 1:34 segundos de episódio.

Vamos analisar agora os primeiros 1:34 segundos do primeiro episódio da primeira temporada de House of Cards.

A primeira cena começa com uma tela preta e o som de uma batida de carro que nos dá a entender que um cachorro foi atropelado.

Primeiro vem o som do carro freando e em seguida a batida com o choro do pobre cachorrinho.

Assim como acontece em Stranger Things, a tela preta também faz com que o espectador fique na primeira pessoa. A ausência de uma imagem e o claro objetivo de trabalhar o aspecto auditivo, mexe fortemente com a nossa imaginação do que pode ter acontecido.

Em outras palavras, nós estamos na cena, afinal, nosso cérebro não faz diferenciação do que é real ou não. Um barulho de batida sempre **chamará nossa atenção.**

Assim como se repete na sequência de Stranger Things temos um outro personagem entrando em ação para lidar com aquela situação.

Nesse momento nós já estamos juntos com o personagem na cena, afinal, nós participamos da cena da batida, correto?

Na cena seguinte acontece uma conversa direta do personagem com o espectador, fazendo uma comunicação direta olhando para a câmera.

Se o leitor tiver curiosidade, examine os primeiros 4 minutos do primeiro episódio da primeira temporada de The Walking Dead.

Mais uma vez um clássico exemplo de como colocar o espectador na primeira pessoa. A câmera acompanhando o carro chegando, quase como se fosse o olhar de uma pessoa que está esperando alguém chegar.

A câmera claramente simula o olhar humano, é possível perceber o balanço de como se alguém estivesse se levantando e andando para próximo do carro.

Aqui não temos um corte preciso de câmeras e de tomadas, tudo isso é proposital.

Em outro momento temos a câmera simulando o olhar do personagem olhando para o chão. *Lembre-se que o nosso cérebro não faz a diferença daquilo que nós estamos vendo em um vídeo e aquilo que estamos vendo presencialmente.*

Existem inúmeras outras maneiras de iniciar filmes e episódios, seja utilizando o recurso da primeira pessoa ou a modalidade de começar pelo final.

Quando algo acontece e você não faz ideia de como se chegou àquele ponto, o episódio, filme ou série voltará no tempo para explicar.

Todos eles envolvem os estímulos do cérebro reptiliano.

Como adaptar essas técnicas na sua mensagem de vendas? Você provavelmente está muito curioso sobre a melhor maneira de implementar tudo isso que falamos até então na sua próxima carta de vendas, palestra ou e-mail, correto?

Então vamos lá.

Eu quero que você **preste atenção nos elementos que separei cuidadosamente para lhe apresentar**, pois estes elementos serão nossa referência básica para a criação de uma mensagem de vendas realmente poderosa.

Mas esse é um tema que iremos discutir com mais detalhes no próximo capítulo.

Capítulo **4**

COMO ALTERAR O ESTADO MENTAL DA SUA AUDIÊNCIA

PARTE 02 – COMO TRANSFORMAR ATENÇÃO EM LUCRO

Você já aprendeu que só existem **duas maneiras de alterar o estado mental do ser humano.** A primeira é através de substâncias químicas e a outra por meio da comunicação direta com o cérebro reptiliano.

Você aprendeu que existem **seis grandes estímulos** para o cérebro reptiliano e viu exemplos de como a indústria do entretenimento faz para prender nossa atenção.

Agora pegaremos emprestadas essas técnicas para fazer com que nossas mensagens de vendas se tornem muito mais poderosas.

Isso é algo que você deveria torcer para que os seus concorrentes não descubram.

Eu preciso conversar com você

Uma das frases mais assustadoras nos relacionamentos, seja de um amigo, casal ou mesmo colegas de trabalhos é a frase: *"Eu preciso conversar com você um assunto sério..."*

A partir daquele momento você fica na expectativa de pensar: *"O que será que aconteceu?"*

Esse é um claro efeito do cérebro reptiliano em ação lidando com a desconfortável situação da incerteza. Quando o nosso cérebro não sabe o que vai acontecer, automaticamente é criada uma tensão emocional muito forte.

Crie o elemento da porta fechada na sua audiência.

Trabalhar com o conceito da **"Porta Fechada"** significa conseguir falar sobre problemas ou situações que a sua audiência está evitando ou deixando para depois.

Nesse momento o seu grande objetivo consiste em apresentar um problema urgente que necessita de uma solução urgente.

Assim como na cena que mostra **uma porta misteriosa**, na qual não se sabe ao certo o que estará do outro lado, porém, tudo indica que é algo **negativo**, você precisa fazer com que seu público tome a decisão de **"encarar o problema"**.

Imagine a porta fechada como um grande problema que se encontra sem solução:

1. Não consigo emagrecer
2. Não consigo bater minhas metas de vendas
3. Não estou feliz com XYZ

Existem situações que o seu público simplesmente está ignorando, seja por medo ou por não acreditar que exista uma solução.

Isso significa que na sua carta de vendas ou uma apresentação de vendas a primeira parte deve ser **um claro convite para tratar desse assunto de uma maneira extremamente direta.**

Vou dar alguns exemplos:

No nosso Programa Expert em Vendas Online eu faço a pergunta em nossa comunicação de vendas:

Você quer fazer parte do grupo de pessoas que transformam o seu conhecimento em dinheiro ou *Você quer fazer parte do grupo de pessoas que estão no Ciclo da Falência?*

Deixa eu explicar o que é o Ciclo da Falência

Falar do Ciclo da Falência logo nos primeiros segundos do vídeo ou em uma carta de vendas é colocar em cena uma situação que não pode ser ignorada, pois trata de algo extremamente importante e **sério para o público.**

O primeiro trecho desse livro foi: Ou você **aprende a prender a atenção do seu público** e fazer com que ele o acompanhe do começo ao fim durante a apresentação da sua mensagem de vendas ou **você vai perder dinheiro com publicidade.**

A porta fechada que eu apresentei para você foi: Existe algo que você não pode mais ignorar. Você está perdendo dinheiro. Chegou a hora de enfrentar isso de uma vez por todas.

A **porta fechada** significa um convite para uma jornada, significa apresentar claramente algo que causa medo no seu público e um convite direto para que ele abra essa porta e tome a decisão de encarar isso de uma vez por todas.

É nesse momento que o seu público **toma a decisão de enfrentar esse desafio/problema que o seu produto/serviço resolve, que você começa a ganhar o jogo da atenção.**

Lembre-se: quando você conseguir mudar a percepção do tempo do seu público você provavelmente iniciou o processo de alteração do estado mental. **É praticamente uma relação de causa e efeito.**

Porém, é extremamente **importante não gerar** confusões na aplicação desse conceito para que isso não gere um efeito **negativo nos seus resultados em vendas**. Alguns empresários e profissionais de marketing se concentram demais no **"chamar atenção"** e perdem o propósito final da mensagem que é gerar vendas.

É por isso que na internet existem inúmeras peças publicitárias, vídeos de conteúdos que nos prendem atenção do começo ao fim, alteram nossa percepção de tempo, no entanto, não geram uma ação de compra.

A peça é apenas interessante. Você não ganha dinheiro quando o seu público chega até o final do seu vídeo ou texto, você ganha dinheiro quando gera vendas. Ponto.

Agora que você já entendeu a importância do fator tempo no processo de alterar o estado mental, ganhar atenção para gerar uma ação de compra, chegou o momento de aprofundarmos um pouco mais no que de fato é a **"percepção do tempo"**.

No livro *Time Warped: Unlocking The Mysteries Of Time Perception* (em português significa Distorção do Tempo: Destravando os Mistérios da Percepção do Tempo), a autora Claudia Hammond, sem saber, estava escrevendo um excelente livro sobre copywriting e criação de roteiros.

O livro **trata da percepção** de tempo e mostra com experiências práticas algo que o senso comum já fala há muito tempo que é a ideia de que dependendo da situação o tempo será percebido de uma maneira diferente.

Como explicado no começo desse livro, <u>a ideia de tempo é relativa e depende do estado mental,</u> porém, o que a autora mostra no livro é que <u>a percepção de tempo tem relação com dois sentimentos principais, são eles o medo e a alegria.</u>

No livro é apresentado o exemplo de uma pessoa que tinha muito medo de aranhas e foi exposta em uma sala fechada por um certo tempo, encarando o seu grande medo. Invariavelmente as pessoas superestimam o tempo que elas ficaram em contato com aquilo que lhe faz sentir muito medo. Elas sempre têm a sensação que passaram muito mais tempo do que realmente aconteceu.

Em outras palavras, **com medo o tempo passa lentamente**, na **alegria o tempo passa com maior velocidade**. Mas aqui nós temos um **"conflito científico"** que é o fato do tempo ser o mesmo.

60 segundos continua sendo 60 segundos, não importa se para uma pessoa pareceu ser 10 minutos ou que para outra pessoa pareça ter sido alguns segundos. É por isso que a autora chama esse fenômeno de **"Ilusão do Tempo"**.

Mas como podemos usar esse conhecimento em uma copy ou mensagem de vendas ou roteiro de vídeo?

O medo desperta áreas do cérebro que envolvem nosso instinto de sobrevivência e por isso o foco acaba sendo maior nas sensações e nos detalhes, diferente do que acontece na maior parte do tempo quando estamos no **"piloto automático"**.

É por isso que quando vivemos uma situação de medo ou perigo intenso, nossa mente está prestando atenção total em cada momento.

Os diretores de filmes e seriados sabem que o medo ou a tensão é um importante recurso para alterar o estado mental do público, porém, isso não pode durar muito tempo.

Por quê? Uma cena de medo ou tensão, naturalmente será percebida como algo mais demorado do que de fato é, por isso se ela demorar muito tempo a tendência é que a audiência desista.

Pense em uma cena de terror que as pessoas "tapam os olhos" e não querem ver a cena. Agora imagine que essa cena demore 10 minutos, quem passaria 10 minutos com os olhos fechados?

É por isso que os diretores sabem que esse é um recurso que precisa acontecer rapidamente, caso contrário, eles podem marcar toda a história **somente com aquele sentimento negativo**.

O mesmo acontece com cenas tristes em muitos filmes. Mesmo as cenas que nos fazem chorar, como a morte de um personagem importante, não demoram muito tempo, pois naturalmente essa cena é tão carregada de emoção que a percepção de tempo é bem maior.

Durante a criação de uma carta de vendas é preciso entender essa regra. Elementos que geram medo, preocupação são fundamentais para ativar a mente do público, porém, não podem durar muito tempo.

São elementos fundamentais para ativar a atenção e não para prender a atenção.

Isso significa na prática que durante a escrita de uma carta de vendas, logo após uma promessa é fundamental que você apresente elementos que despertem medo, tensão e ative áreas que envolvem o instinto de sobrevivência do seu público.

Talvez você esteja pensando: "**Mas eu preciso gerar medo no meu público para vender o meu produto ou serviço?**"

Essa é uma pergunta importante, pois no primeiro momento podemos ter a sensação que estamos fazendo algo quase prejudicial para os nossos clientes, mas pare e pense um pouco sobre isso.

O que os filmes fazem conosco o tempo todo? <u>Eles nos fazem sentir medo, raiva, alegria e por isso nós prestamos atenção e terminamos o filme ou a história com um aprendizado, uma nova lição e uma nova maneira de enxergar o mundo.</u>

O objetivo do **método "Não me Faça Dormir"** é lhe ensinar a trabalhar com todas as emoções para gerar uma **ação final** no seu público de decisão de ter uma vida melhor, encarar os desafios e seguir rumo ao próximo nível.

Em outras palavras, despertar o medo isoladamente não é apenas prejudicial como algo que eu não recomendo de forma alguma, porém, usar o medo ou preocupação como um pontapé inicial e na sequência despertar todos os outros sentimentos rumo ao próximo nível, é algo fundamental.

A sequência que você deve seguir quando falamos de sensações e emoções que alteram o estado mental seguem mais ou menos essa ordem:

1. Medo
2. Raiva
3. Alegria temporária
4. Preocupação
5. Alegria completa e nova realidade

Comece a reparar nos filmes como essa sequência é quase que um padrão. A aplicação completa dessa sequência é capaz de gerar uma tomada de decisão final após o término da mensagem.

A segunda parte dessa resposta foi dada por David Eagleman, neurocientista e autor do livro Incógnito: As Vidas Secretas do Cérebro Humano.

David mostra que a percepção de tempo está relacionada à nossa memória. Isso explica porque pessoas com medo de aranhas sentem o tempo de maneira distorcida. O medo de aranha é uma memória que foi criada em algum momento por algum acontecimento específico.

E é exatamente o fator de identificação que fará com que o seu público pare e preste atenção na sua mensagem logo no começo da sua apresentação.

Se você conseguir apresentar para seu público elementos que despertem nele uma memória de um grande problema que precisa ser resolvido e ele aceitar **"abrir essa porta"** e iniciar uma jornada com você através da sua mensagem, você deu um importante passo para **vencer a batalha mental**.

Para alterar o estado mental da sua audiência você precisa apresentar um desafio, uma jornada que ele aceite dar o primeiro passo.

Agora que você aprendeu quais suas grandes metas no momento de conversar com o seu público, você está pronto para colocar em prática esse conhecimento em uma série de mensagem de vendas.

No próximo capítulo você aprenderá como colocar todos esses conceitos dentro do que nós chamamos de **Campanhas de Vendas Online**.

Tudo o que aprendemos até agora é uma preparação para a construção dessa campanha que tem como objetivo transformar atenção em vendas.

Em outras palavras, um clique se transformará em um e-mail cadastrado, esse e-mail cadastrado se transformará em um cliente e esse cliente comprará inúmeras vezes.

Capítulo **5**

COMO CRIAR UMA ROTINA NA SUA EMPRESA PARA GERAR VENDAS TODOS OS DIAS

Um dos maiores problemas que muitos empresários enfrentam no dia a dia de suas empresas é a falta de previsibilidade em suas vendas.

O recorde de faturamento do mês passado é comemorado no dia 31, mas no dia 5 do outro mês começam as **preocupações "Por que os números estão menores?"**

Se você tentar simplesmente colocar campanhas de vendas na internet sem antes planejar uma mensagem poderosa para vender seu produto e serviço, provavelmente você terá taxas de conversões bem menores.

É por isso que esse livro foi divido em duas partes.

Na primeira eu lhe ensino a estudar a mente do seu público olhando três grandes aspectos:

1. Cérebro reptiliano
2. Estado mental
3. Percepção de tempo

Toda e qualquer mensagem que você crie para executar uma campanha de vendas online precisa ser analisada se será **capaz de impactar essas três áreas**.

Depois de aprovar sua mensagem é o momento de criar uma **rotina de vendas** para a sua empresa e isso envolve a definição de **campanhas de vendas online.**

Se a sua empresa deseja vender todos os dias existem atividades que precisam ser feitas diariamente. Ignorar essas atividades ou executar alguma da maneira errada irá impactar diretamente o seu faturamento.

A Rotina das Três Campanhas para Vender Todos os Dias

Existem três campanhas que a sua empresa precisa dominar para gerar vendas diárias usando a internet.

São elas:

1. Campanha de Aquisição
2. Campanha de Monetização
3. Campanha de Ativação

Cada uma representa uma parte fundamental da **equação para gerar vendas todos os dias**.

A campanha de aquisição é responsável por diariamente gerar novos leads para a sua empresa e também clientes em uma fase inicial.

A maioria das empresas tenta vender o seu produto/serviço principal para pessoas que ainda não tiveram nenhuma experiência anterior de compra com a empresa.

Essa é uma estratégia que funciona, no entanto, ela exige um investimento maior e um número de pessoas maior sendo impactada pela oferta.

Isso acontece porque **a taxa de conversão** de um produto com o **valor maior sempre será menor**.

Imagine uma empresa que tem um treinamento de R$ 5.000,00. Dificilmente essa empresa conseguirá uma taxa de conversão de 10%.

Porém, com um produto **de R$ 7,00, R$ 19,00, R$ 97,00** essa meta de 5% e 10% de conversão se tornam mais acessíveis.

Porém, o grande objetivo de uma campanha de aquisição é fazer com que as pessoas que compraram o primeiro produto de R$ 7,00, R$ 19,00 ou R$ 97,00 tomem a decisão de comprar o produto principal da empresa.

Na teoria isso funciona perfeitamente. Porém, na prática a realidade é diferente.

Se você depender que somente as pessoas que compraram o primeiro produto de menor valor comprem o produto principal, você enfrentará grandes problemas de faturamento.

Lembre-se: as três campanhas fazem parte de uma equação que gera o resultado desejado pela empresa, não dependa apenas de uma única parte.

<u>Apesar de ser mais fácil um cliente que comprou o primeiro produto comprar um segundo, isso não é uma garantia.</u>

Porém, existem muitos clientes que em um primeiro momento irão dizer **"ainda não"** tanto para o produto mais barato como para o produto mais caro.

No entanto, em um segundo momento muitos clientes tomam a decisão de comprar diretamente o produto principal ou serviço principal da empresa.

Por quê?

Simplesmente porque eles passaram pelo processo completo de tomada de decisão. Essa é uma parte que muitos empresários **esquecem quando chegam no ambiente digital.** Quando qualquer pessoa passa pelo processo de tomada de decisão de compra ela passa por **três questionamentos simples**.

1. Eu posso comprar?
2. Eu quero comprar?
3. Eu devo comprar?

Uma campanha de aquisição facilmente quebra essas três barreiras.

O produto é de R$ 7,00

Eu posso comprar? **Sim**

Eu quero comprar? **Sim**

Eu devo comprar? **Sim**

Porém, quando você está diante do desafio do "Eu não quero comprar" não importa se é 7 ou 5.000, a resposta sempre será não.

Não me Faça Dormir significa acordar o seu público para uma jornada que faz com que o desejo pelo próximo nível responda imediatamente um SIM para a pergunta do eu quero.

Porém, é na pergunta do eu "Devo" que muitas vendas estão sendo perdidas e a resposta para esse problema está no **mix das Campanhas de Monetização e Ativação.**

Vamos entender cada uma delas

A **Campanha de Monetização** consiste na campanha que tem como objetivo vender o produto carro-chefe da empresa, aquele que gera o lucro para o negócio e é o grande objetivo de venda da empresa. Aqui estão alguns exemplos de campanhas de monetização usando a internet.

1. **Minitreinamento:** consiste na sequência de três vídeos educacionais + um vídeo de oferta.

2. **Webinar AO VIVO:** uma interação em tempo real com sua audiência que ao final é apresentado um produto ou serviço com uma condição especial.

3. **Webinar Gravado:** transmissão-padrão que acontece automaticamente com uma peça de conteúdo e uma oferta ao final.

    Simula o AO VIVO, porém, com o foco em gerar um volume diário de pessoas vendo determinada apresentação.

Esses são os modelos mais conhecidos, porém, existem outras quatro modalidades de campanhas de monetização, totalizando sete modelos.

Não é o propósito desse livro aprofundar nas campanhas de monetização, mas se é interesse do leitor ter acesso aos **sete modelos e todos os processos, o nosso treinamento Expert em Vendas Online MasterClass é o próximo passo ideal.**

Voltando para as três perguntas.

O grande problema de muitas empresas é que elas analisam somente as respostas imediatas dos seus clientes e não pensam em uma <u>estratégia de médio e longo prazo.</u>

Muitos criam campanhas de Minitreinamento e após os três vídeos de conteúdo iniciam a sequência de oferta com o discurso: "<u>Ou você compra agora ou nunca mais</u>".

Imagine que a pessoa tomou a decisão de comprar, porém, naquele momento ela não pode:

» Eu quero comprar? **Sim**

» Eu devo comprar? **Sim**

» Eu posso comprar? **Ainda não**

Aqui provavelmente está a maior parte do faturamento perdido por muitos empresários. Eles não sabem interpretar a diferença entre um **"Não e um Ainda Não"**.

É extremamente importante colocar datas-limites para suas ofertas, porém, existe a maneira certa de fazer uma escassez e a maneira desnecessariamente arriscada.

A maneira certa consiste simplesmente em você criar <u>benefícios temporários que vão e voltam.</u>

A maneira arriscada é você simplesmente dar uma única chance e ignorar completamente a jornada que o seu público está passando no processo de tomada de decisão.

Imagine quando você foi comprar o seu carro. Você chegou lá, fez as contas e falou:

— Ainda não.

Quando você voltou alguns meses depois, talvez o valor tenha subido um pouco, talvez você tenha perdido um acessório como brinde, existiu uma perda, no entanto, você ainda consegue comprar.

Essa é a maior lição que precisamos levar para a internet quando falamos de produtos, serviços e até mesmo produtos físicos.

A maioria dos Ecommerces se limitam a executar uma ou duas promoções por ano, quando eles poderiam repetir suas campanhas semanalmente.

Mas o que fazer com as pessoas que:

» Eu quero comprar

» Eu devo comprar

» Eu não posso comprar

É nesse momento que entra a campanha de ativação.

Essa é uma campanha que faz com que pessoas que desejem o produto principal, mas ainda não podem comprar, possam dar mais um passo.

A **campanha de ativação** sempre apresenta um produto/serviço que quando comparado ao produto principal é mais barato, porém, inferior.

Ele ajuda em um primeiro resultado, mas não entrega a vitória completa.

Vou dar um exemplo prático:

Expert em Vendas Online MasterClass: R$ 6.000,00 (Ensina a fechar contratos de R$ 1.000,00 até R$ 10.000,00, como montar a agência e como executar todas as campanhas de monetização).

Projeto Consultor Digital: R$ 297,00 (Ensina como fechar o primeiro contrato de R$ 1.000,00 a R$ 1.500,00).

Para a pessoa que disse sim para o Expert:

» Eu quero comprar

» Eu devo comprar

» Eu não posso

Facilmente ela conseguirá dizer sim para o Projeto Consultor Digital.

» Eu quero comprar
» Eu devo comprar
» Eu posso comprar

Após o novo passo na ativação, é muito mais provável que esse cliente tome a decisão no futuro quando ele responder "Eu posso comprar" em avançar para o Expert em Vendas Online.

E assim fechamos o ciclo e o propósito de cada uma das campanhas.

Porém, você também não pode depender que isso aconteça. A mensagem principal que eu quero passar para você é **"Nunca fique somente esperando"**.

Obviamente muitas pessoas após comprarem um primeiro produto seja de aquisição ou ativação avançam e voluntariamente falam: **"Agora estou pronto"**.

Porém, o mais importante que você como empresário precisa fazer é continuamente criar novas e novas campanhas de monetização oferecendo o seu produto principal de maneiras diferentes.

É a junção das três campanhas acontecendo regularmente mais uma frequência constante de novas abordagens na campanha de monetização que irão garantir que sua empresa venda todos os dias.

Como ativar o Cérebro Reptiliano com as Campanhas de Vendas Online

Nos capítulos 1 e 2 você aprendeu sobre o cérebro reptiliano e sobre os seis estímulos e aprendeu também como aplicar isso na estrutura de uma mensagem.

Agora você aprenderá como cada **campanha atua como um estímulo na jornada do seu público.**

Preparado?

Então vamos lá.

O Cérebro Reptiliano e a Campanha de Aquisição

A campanha de aquisição consiste em três fases principais.

1. Apresentação de um conteúdo gratuito (Ímã Digital)
2. Apresentação de um Produto de Menor Valor na Página de Obrigado
3. Após a primeira compra é oferecido um segundo produto como Upsell

Caso não aconteça a primeira compra, **o novo lead** entra em uma sequência de **e-mails de oferta.**

O grande objetivo **da campanha de aquisição é trazer novos leads para a empresa** e imediatamente **recuperar o investimento** vendendo um primeiro produto.

Porém, é preciso analisar a vida útil desse novo lead, ou seja, se no médio prazo ele comprará o produto principal.

Não faz sentido ficar vendendo os produtos de menor valor se esse cliente nunca avançar.

Se isso acontecer é preciso revisar toda a campanha.

Mas olhando para os estímulos ao cérebro reptiliano sendo aplicado na campanha de aquisição, existem dois que se destacam, são eles:

1. Interesse próprio
2. Contraste

O grande problema de muitas empresas quando tentam fazer anúncios para um público frio, isto é, pessoas que ainda não o conhecem é o de tentar falar "bem de si mesmo".

O cérebro reptiliano é vaidoso, egocêntrico e não se interessará por alguém falando "olha como eu sou bom".

A melhor maneira de iniciar uma campanha de aquisição consiste em apresentar elementos que conversem diretamente com os interesses do seu público.

Começando pelo **Ímã Digital,** passando pelo produto de **menor valor** e a própria **carta de vendas** em si.

Vou dar o exemplo de um **Ímã Digital** que conversa com o Reptiliano:

Como Cobrar por uma Consultoria de Marketing Digital

Com um ímã com esse tipo de promessa baseado em resposta, facilmente você consegue conversar com o reptiliano através de perguntas.

Por exemplo: você sabe cobrar pelo seu serviço de consultoria?

Será que você não está vendendo porque está cobrando caro demais ou será que ninguém o valoriza porque você está cobrando barato demais?

Percebe como é fácil colocar o público no centro da história?

O outro elemento que deve ser utilizado em uma campanha de aquisição é o **contraste.**

O novo lead acabou de conhecer sua empresa, não tente explicar muita coisa logo no começo, **apenas crie comparativos.**

Vou dar um exemplo continuando na linha do "**Como Cobrar por uma Consultoria**".

Existem consultores que cobram por trabalhos operacionais (fazer site, postar nas mídias sociais, criar banners) e existem aqueles que cobram por fazer Estratégia (Presença Online, Linha Editorial, Copy, Campanhas).

A primeira coisa que você precisa fazer é decidir se você quer ganhar dinheiro com **trabalho operacional ou com estratégia.**

Observe que o contraste que eu apresento é uma clara comparação entre a possível realidade do novo lead *versus* a nova realidade que eu quero apresentar.

É através do contraste que é possível alterar facilmente o estado mental e começar a alterar a noção do tempo, levando o seu público a pensar fortemente na sua mensagem.

Em outras palavras, você está vencendo a batalha mental.

Vou dar um exemplo mais detalhado:

Se você hoje faz parte do grupo de consultores que ganham dinheiro com sites, banners, postando nas mídias sociais... eu quero lhe fazer uma pergunta.

Daqui a 10 anos, você acha que os empresários vão querer pagar quanto por esse serviço que qualquer estagiário está fazendo hoje?

Você já perdeu algum cliente por que ele decidiu que "a equipe dele iria continuar"?

É isso o que tem acontecido com muitas agências. Perdendo contratos para estagiários, porque o empresário não viu mais valor.

Percebe como a linguagem **envolve elementos que destacam interesse próprio o tempo todo?**

Esse é o tipo de linguagem que altera o estado mental, nesse primeiro momento gerando uma certa sensação de medo, preocupação.

Porém, esse primeiro momento não pode demorar muito, afinal, quando o **ser humano está com medo, o tempo é percebido de uma maneira ainda mais demorada.**

Essa é uma parte da copy que precisa ser rápida. Falou do problema, pontuou, mostrou como é grave a situação, segue em frente.

O segundo momento do contraste já é para dar **um "Alívio" para a situação de desafio que você apresentou.**

Por exemplo: felizmente, o que você vai aprender agora é como fazer parte do grupo que ganha dinheiro com o seu conhecimento.

O grupo que os empresários falam: "**treina a minha equipe**", em vez de "**minha equipe o substituirá**".

Percebeu a aplicação?

A campanha de aquisição é o momento perfeito para falar de **interesse próprio + contrastes**, pois é uma apresentação oficial da sua empresa para o seu público.

A oferta na campanha de aquisição convida para um primeiro passo, que se for aceito dá início a uma jornada com os produtos da sua empresa.

Mas para que isso aconteça você precisa fazer uma boa **campanha de monetização**.

O Cérebro Reptiliano e a Campanha de Monetização

A **campanha de monetização** acontece com os novos leads que a campanha de aquisição gerou para sua empresa.

Tanto as pessoas que compraram o primeiro produto na aquisição como aquelas pessoas que simplesmente fizeram o download, mas não realizaram uma compra, participam das campanhas de monetização.

Teoricamente, existem chances maiores que as pessoas que compraram o primeiro produto avancem para o próximo, **mas isso não é uma regra**.

Isso acontece em parte porque as pessoas que compraram o produto de aquisição ainda não estão prontas para avançar ou as campanhas de monetização foram muito "fracas". **A segunda possibilidade é a mais comum**. Quando você executa uma campanha de monetização é extremamente importante unir uma excelente peça de conteúdo + uma excelente razão para a compra acontecer agora.

E é aqui que temos os outros quatro estímulos para o cérebro reptiliano em destaque.

» Começo e Fim

» Tangível

» Emocional

» Visual

Durante uma **campanha de monetização** existe o momento da apresentação do novo conteúdo e na sequência a apresentação da oferta.

Os **dois elementos** são extremamente importantes, porém, se o conteúdo não for bem feito dificilmente **o seu público ficará com você até o momento da oferta.**

É por isso que o **Reptiliano** precisa ser ativado usando os estímulos **"Começo e Fim" e "Tangível"** no momento da apresentação do conteúdo.

Já no momento da oferta os **estímulos visual e emocional entram em ação.**

Todas as vezes que você criar um conteúdo para campanha de monetização você precisa obrigatoriamente apresentar algo com **começo, meio e fim**, sendo **a última parte fundamental** para que o seu público entenda que o próximo passo ideal é o de comprar o seu produto/serviço imediatamente.

Vou dar um exemplo seguindo a mesma linha da campanha de aquisição falando sobre consultoria.

A **Campanha de Monetização** tem por característica apresentar promessas relacionadas ao produto principal, por isso é crucial que você consiga fazer algo **"tangível"** para o seu púbico tomar a decisão de avançar na jornada.

Eu tenho uma palestra chamada "Como Criar uma Agência Lucrativa e Enxuta".

O Cérebro Reptiliano é ativado por informações com Começo, Meio e Fim e por algo que gere uma identificação rápida.

Como nós usamos isso? Eu preciso mostrar o passo a passo completo da situação atual até a situação desejada.

No meu caso, como a história da agência enxuta é também a minha história eu conto isso para o meu público.

A estrutura é mais ou menos assim:

Link da palestra: marketingcomdigital.com.br/agencia-digital-lucrativa-e-enxuta/

1. **Apresentação da promessa:** Olá! Aqui é o Natanael Oliveira e hoje eu vou lhe mostrar como montar uma agência lucrativa e enxuta.
2. **Reforço da promessa:** Deixa eu mostrar por que agência é um ótimo negócio.
3. **Apresentação do problema:** É aqui que entra mais uma vez o interesse próprio e o início do contraste. Eu falo sobre o <u>Modelo da Falência que é a Agência Full Service.</u>
4. **Apresentação da jornada:** Aqui eu uso a minha história para gerar uma conexão com o público e apresentar a jornada completa da situação atual em direção ao modelo ideal.
5. **Explicação da causa do problema:** (31:30s) Depois de mostrar a minha jornada eu começo a falar sobre as causas desse problema. É aqui que eu apresento o <u>Ciclo da Falência</u>. É nesse momento que eu mostro o desafio que precisa ser superado.
6. **Apresentação da solução de maneira tangível:** (32:21s) Esse é o momento de entregar uma primeira vitória para o público. Essa é a parte mais importante da <u>campanha de monetização</u>, conseguir fazer com que o público enxergue claramente como ele resolverá o seu problema atual.
7. **Apresentação da solução pronta:** (37:17s) Esse é o momento-chave para iniciar a virada para a oferta. Nessa etapa eu começo a apresentar parte do produto sem obrigatoriamente oferecer o produto.

   Repare que do minuto 37 até cerca de 51 minutos dessa apresentação apresento algo tangível como solução para o problema do público.

   Além disso, ao mesmo tempo que o conteúdo está sendo apresentado eu <u>estou mostrando elementos que fazem parte da oferta.</u>

   Para quem trabalha com produto <u>físico esse momento é feito com uma demonstração do produto.</u>

   Para quem trabalha com <u>serviço, esse é o momento de descrever estudos de caso</u>, como foi o processo do serviço com outro cliente, etc.
8. **Detalhamento da oferta:** Esse é o momento crucial para conseguir um fechamento imediato. <u>Não faça uma quebra brusca, vire aos poucos para o fechamento da oferta.</u>

Repare que na campanha de monetização a apresentação da oferta é <u>totalmente contextual,</u> ou seja, a todo momento faz referência ao conteúdo que foi apresentado anteriormente.

O contraste que foi apresentado entre o modelo full service e a agência enxuta direciona para o momento do fechamento que diz:

<u>Agora você tem tudo o que precisa para migrar para o modelo da agência enxuta e fechar contratos de R$ 10.000,00.</u>

1. Processos
2. Templates
3. Campanhas
4. Modelos de E-mails

Etc.

Todo o desejo que foi criado durante o conteúdo agora é apresentado em forma de pacote no final da oferta.

Lembre-se que a campanha de monetização deve acontecer inúmeras vezes, por isso ao final de cada campanha é preciso planejar a próxima e continuar tratando o mesmo tema.

Vou dar alguns exemplos de vídeos para você estudar.

Plano de Negócios para Agências

http://bit.ly/Plano-negocios-digital

Plano de Crescimento para Agências

http://bit.ly/Plano-crescimento

Checklist para Novos Clientes de Consultoria

http://bit.ly/Checklist-Novos-Clientes

Repare que em todos os vídeos a estrutura-mestre se repete.

1. Apresentação de uma grande promessa
2. Apresentação de um grande problema
3. Apresentação da grande causa
4. Apresentação da solução
5. Convite para a solução completa

Respeitar essa estrutura-mestre é uma das coisas mais **importantes** que você precisa fazer para garantir que sua campanha **gere resultados em vendas**.

Lembre-se que tudo que está sendo discutido neste livro tem como objetivo guiar o seu público em uma jornada de compra e não de entretenimento.

É importante que o leitor não corra o risco de começar a produzir conteúdo **sem o claro propósito** de gerar uma ação de venda.

É fato que vídeos ajudam na **construção de autoridade e audiência**, no entanto, existem muitos empresários ao redor do Brasil com uma "multidão" de seguidores não compradores.

Pessoas interessadas na mensagem, no entanto, sem o perfil de compra. Isso acontece porque existe uma diferença absurda entre criar uma campanha de monetização e gravar um vídeo com um **"tema que bombe"**.

O objetivo de um vídeo em uma campanha de monetização não é de conquistar milhares de views, mas de impactar fortemente as pessoas que irão assistir em uma tomada de decisão de compra.

Para ganhar a atenção do **cérebro reptiliano** em uma campanha de **monetização**, uma mensagem bem estruturada é o caminho mais seguro, inteligente e lucrativo.

O Cérebro Reptiliano e a Campanha de Ativação

A campanha de ativação acontece em dois momentos extremamente importantes, são eles:

1. Após uma sequência de Campanhas de Monetização
2. Lançamento de novos produtos e serviços com um grande apelo de vendas

Os dois estímulos trabalhados pela campanha da ativação capazes de "gritar" com o cérebro reptiliano são o estímulo da emoção e o chamado estímulo visual.

Os estímulos emocionais mais fortes no ser humano estão em três grandes categorias: **Ganho, Lógica e Medo.**

O processo de tomada de **decisão de compra** sempre analisa esses três elementos, no entanto, o cérebro reptiliano atua de uma maneira muito mais forte nos aspectos <u>Ganho e Medo, principalmente no medo.</u>

Inúmeros estudos mostram que o ser humano tende a agir mais pelo **medo** de perder em vez da **vontade** da possibilidade de ganhar.

Vou dar um exemplo mais claro:

Imagine que você está em um shopping e quando chegou na saída do estacionamento um funcionário lhe pergunta:

– Você tentou ganhar os R$ 100,00?

Você não está sabendo de nada e pergunta:

– Que R$ 100,00?

– Nós estamos com uma atividade, são feitas três perguntas de conhecimento geral e quem acertar as três ganha R$ 100,00.

– Como eu faço para participar?

– Você tem que ir no 9º andar, fazer um cadastro e volta aqui para participar.

– Não, obrigado.

Dependendo do valor e da possibilidade de ganho esse estímulo seria maior, no entanto, quando falamos da possibilidade de perda, a tomada de decisão é bem diferente.

Imagine que você está saindo do shopping e acontece uma pergunta diferente:

– *Senhor, você autenticou o seu estacionamento?*

– *Não – você responde.*

– *É que no sistema está indicando que você estacionou em uma categoria diferente, por isso estão cobrando R$ 100,00. Talvez seja só um erro e não lhe cobre, mas pode ser que esse valor seja cobrado. Se o senhor quiser garantir que não seja cobrado, o ideal é que você vá no 9º andar.*

– *Ok! Estou indo.*

Não existe uma relação direta com os valores nesse exemplo, apesar que o valor obviamente sempre fará diferença no processo de tomada de decisão, porém, a possibilidade de perder algo ou de por alguma razão correr o risco de ser "injustiçado" causa um estímulo de ação muito maior no ser humano.

Isso tem total relação com o nosso instinto de sobrevivência e obviamente conexão direta com o **cérebro reptiliano**.

Talvez você já tenha vivido a experiência de encontrar dinheiro "perdido" no bolso. Dizem que esse é um dinheiro que tem um valor diferente, apesar da nota em si ser a mesma.

Por quê?

A percepção de algo perdido ser recuperado gera uma sensação de recompensa extremamente alta no ser humano. Eu poderia tentar explicar "cientificamente" o processo químico que acontece, mas não é o propósito do livro e eu também não sou especialista no assunto para me aprofundar em temas tão complexos.

Porém, em um bom português a verdade é que tudo aquilo que corremos o risco de perder se torna muito mais valioso.

É importante entender que existe uma **diferença entre o gatilho da escassez e a ideia do emocional com o reptiliano associada ao medo**.

Lembre-se que os gatilhos mentais conversam com o **sistema límbico** e nosso foco aqui está no **cérebro reptiliano**.

No cérebro **reptiliano** a ideia de perda acontece como um contraste de sentimento de **"posse"**. Em outras palavras, quando você consegue gerar uma emoção de ganho muito forte no cérebro reptiliano relacionada com o sentimento de posse, a sua oferta se torna extremamente poderosa.

Vamos entender como isso funciona na prática.

Como dito anteriormente, a **campanha de aquisição** aparece após uma série de **monetização** e também como recurso para lançar novos produtos.

De maneira geral, você terá o seguinte calendário de campanhas acontecendo para a sua lista de e-mails.

» **Campanha de aquisição:** acontece diariamente e de maneira automática.

» **Campanha de monetização:** acontece de duas a três vezes manualmente com e-mails sendo enviados para a lista.

» **Campanha de ativação:** acontece de uma a duas vezes manualmente com e-mails sendo enviados para a lista.

Em uma campanha de aquisição clássica **existem três tipos de oferta.**

1. Desconto
2. Bônus
3. Trial

» **Desconto:** é uma clássica sequência de e-mails apresentando um desconto atrativo com data e hora para ser encerrado.

Por exemplo: durante os próximos cinco dias você poderá adquirir a certificação especialista em copy de R$ 995,00 por R$ 495,00.

» **Bônus:** é uma oferta que não altera o valor do produto, porém, adiciona benefícios.

Por exemplo: durante os próximos cinco dias se você fizer a assinatura do portal de membros você receberá R$ 2.287,00 em bônus.

» **Trial:** consiste em uma sequência de oferta com o chamado **"Risco Reverso"**, o valor é tão irrisório que não existe risco da parte de quem compra e a continuidade é totalmente opcional.

Por exemplo: experimente o portal de membros por 30 dias por apenas R$ 1,00. Esse é um modelo clássico de aquisição de muitas ferramentas do modelo SaaS (Software as a Service).

Vou apenas fazer um rápido comentário e em seguida voltamos para a ativação, combinado?

Particularmente eu usaria uma **estratégia diferente** para o modelo de ferramentas que de cara já oferecem um trial.

Quando uma ferramenta que você simplesmente nunca utilizou na vida e você não conhece lhe oferece uma versão gratuita, em muitos casos você aceita, porém, não utiliza.

Em outras palavras, foi tão fácil ter acesso àquela ferramenta que você **simplesmente não valoriza**.

A SalesForce se beneficia hoje do livro **"Receita Previsível"** que fala sobre uma metodologia de vendas baseada em estratégias de outbound.

O tempo todo o livro cita a ferramenta e fala dos seus bastidores, obviamente criando um desejo no leitor.

Após a leitura, o leitor que fizer o teste da ferramenta, terá chances bem maiores de fechar o pacote pago. Por quê?

Simplesmente porque a oferta de ativação **é perfeita para quem já está em jornada**.

Nunca é muito saudável para suas vendas oferecer inúmeras vantagens para quem ainda não o conhece.

O melhor modelo para as ferramentas deveria seguir a linha que estamos apresentando neste livro.

» **Aquisição:** entregar algum material educacional como forma da pessoa entrar na lista.

» **Monetização:** palestras educacionais estruturadas com ofertas ao final.

» **Ativação:** para quem disse não, oferecer um trial.

Voltando para a Ativação.

Saber executar uma **campanha de ativação** é tão importante quanto saber o momento **certo para a execução**.

Quanto mais desejo você cria com suas **campanhas de monetização**, geralmente oferecendo produtos de maior valor, mais poderosa será sua campanha de ativação.

É importante desenvolver uma mentalidade de **"Dois Passos"** que consiste em entender que cada ação gera uma reação na sequência, porém, no mundo digital essa primeira ação pode gerar inúmeras reações no médio e longo prazo.

Não é o meu objetivo aprofundar nos mínimos detalhes a construção de uma Campanha de Aquisição, Ativação e Monetização, seria necessário um livro para cada uma dessas campanhas.

Mas para você que deseja se aprofundar nesse assunto, minha recomendação é que você conheça o **nosso Programa de Formação Expert em Vendas Online MasterClass.**

Lá você terá a oportunidade de ter acesso ao nosso acervo completo de videoaulas com o passo a passo completo de cada uma das campanhas.

Como membro do Expert em Vendas Online MasterClass você terá a oportunidade de ser acompanhado durante 12 meses por mim e pela minha equipe. Semanalmente nós temos encontro online e ao vivo em um grupo secreto no Facebook.

Para conhecer todos os detalhes dos nossos programas, recomendo que você visite nosso portal: www.marketingcomdigital.com.br.

Na aba produtos você terá acesso completo ao nosso acervo de treinamentos, eventos presenciais e grupos de negócios.

Capítulo **6**

A LEI DA RECORRÊNCIA E O MODELO DE NEGÓCIOS BASEADO NA JORNADA

PARTE 03 – AS TRÊS LEIS PARA CONTINUAR VENDENDO TODOS OS DIAS

Durante os primeiros cinco capítulos desse livro você aprendeu que para vender você precisa de atenção e descobriu **como transformar essa atenção em uma venda, ou seja, lucro para o seu negócio**.

Entender como funciona a nossa mente foi o primeiro passo dessa jornada para conseguir gerar vendas todos os dias, assim como entender os **modelos de campanhas foi o segundo passo para criar uma rotina capaz de gerar resultados previsíveis**.

Nesse momento nós avançaremos para o que eu chamo da **Lei da Recorrência** e como ter um modelo de negócios baseado na jornada do seu cliente.

A verdade é que não adianta <u>**você chamar a atenção, gerar uma venda para o seu cliente e fim da história**</u>.

É preciso ter uma estratégia de recorrência, ou seja, como eu consigo transformar esse mesmo cliente em um cliente **"multicomprador"** ou caso sua empresa tenha apenas um único produto ou serviço, como transformar esse cliente em um multiplicador, ou "Cliente-Fã".

O modelo de assinatura mensal, também conhecido como modelo de negócios de recorrência é muito comum nas empresas do tipo SaaS (Software as a Service) que em português significa "Software como Serviço". Exemplos desse tipo de negócio: SalesForce, InfusionSoft.

Nesse modelo de negócios manter os clientes ativos usando suas ferramentas é uma das metas mais importantes para essas empresas, afinal, o grande lucro **vem dos pagamentos recorrentes**.

Obviamente essas empresas têm um esforço de vendas diário para colocar novos e novos usuários dentro da sua base de clientes e "pagadores" recorrentes, no entanto, se o número do Churn Rate (taxa de clientes que cancelam o serviço) for consideravelmente maior que o número de novos clientes, a empresa está com grandes problemas.

Não é o meu objetivo aprofundar nos bastidores desse modelo de negócios, mesmo sabendo que as estratégias que irei apresentar servem perfeitamente para esse tipo de negócio.

O meu grande objetivo é despertar a consciência dos empresários que vendem produtos físicos, serviços e produtos digitais que não estejam dentro da categoria SaaS, que eles fazem parte do modelo de negócio de recorrência também.

Não importa se você não vende produtos de assinatura mensal, o seu negócio é de recorrência e você precisa analisar a taxa "invisível" de cancelamento.

Obviamente, se você atua na área de serviços, fica muito mais fácil identificar a rotatividade dos seus clientes através dos seus contratos cancelados, porém, imagine que você preste serviços através de projetos, ou seja, o seu papel não envolve um acompanhamento mensal, mas um acompanhamento com data para começar e terminar.

Como você avalia o seu Churn Rate? Falaremos sobre isso em breve.

Agora vamos falar sobre vendas de treinamentos online e produtos digitais. Imagine que você criou um treinamento de R$ 997,00 e vendeu um total de 800 unidades nos últimos 6 meses.

Boa parte dos produtores digitais acompanham números como taxa de conversão, custo por lead, custo por venda e até a taxa de reembolso, ou seja, pessoas que não gostaram do produto e pediram o dinheiro de volta.

Porém, a grande maioria dos empresários do mercado digital simplesmente ignora uma métrica extremamente importante que é **a "Taxa de Sucesso" e a "Taxa de Consumo" do treinamento.**

É comum empresas se orgulharem do tamanho da sua base de alunos. **Já somos mais de 30.000 alunos.** Mas a pergunta mais importante que a empresa precisa fazer é: **Desses 30.000 alunos quantos alcançaram suas metas com o treinamento?**

E uma segunda extremamente importante: **Quantos realmente assistiram ao treinamento e o colocaram em prática?** Os números dessas duas perguntas são simplesmente alarmantes na grande maioria dos casos.

É fato que você não pode obrigar o seu cliente a consumir o treinamento que ele adquiriu, porém, é seu papel continuar incentivando o seu cliente mesmo após a compra do produto.

Existem duas razões básicas para você fazer isso:

1. Se você tem outros produtos mais avançados, garantir que o seu cliente tenha resultado com uma primeira compra é a maneira mais fácil de **transformar um cliente comprador em um cliente "multicomprador"**.

2. Mesmo que você não tenha outros produtos para oferecer (algo que você deveria ter), o sucesso do seu cliente criará Clientes Multiplicadores, ou como eu gosto de chamar **"Clientes-Fãs"**.

Apesar do nome Cliente-Fã passar uma ideia de admiração pelo seu produto ou empresa, a ideia é que no mundo dos negócios você cria fãs pela sua capacidade de gerar resultados para os seus clientes.

Pense um pouco sobre isso. **Eu tenho um programa de formação de Consultores de Marketing Digital, que eu chamo de Consultores Especialistas em Vendas Online.**

Imagine que o meu aluno termina o meu treinamento, começa a fechar contratos, começa a crescer profissionalmente. Duas coisas irão acontecer com esse aluno.

1. Ele terá o claro desejo de continuar comigo avançando em sua jornada de resultados.

2. As pessoas que o conhecem claramente irão reconhecer o seu sucesso e sua nova fase.

Por mais que o tópico 02 possa parecer um pouco de "utopia", é aquela velha história de que um cliente satisfeito trará outros e outros clientes, etc.

A grande verdade é que se você conseguir transformar os **seus clientes em casos de sucesso**, isso irá impactar diretamente **sua empresa como efeito colateral**.

Como o objetivo desse livro é juntar uma visão mais relacionada à parte científica da mente humana e estratégias de marketing e vendas, precisamos voltar ao tema cérebro humano para entender como transformar o resultado do seu cliente em estratégia.

Nobody moves! I dropped my brain.

Essa é uma frase famosa de Jack Sparrow no filme "Piratas do Caribe. A frase significa: *Ninguém se mexe! Meu cérebro caiu.*

A melhor tradução para *I dropped my brain* seria: "Eu deixei meu cérebro cair". A ideia de "dropar" envolve o sentido de uma queda vertical, algo como alguém que deixou um celular cair de suas mãos.

"Natanael, por que isso é tão importante?" Talvez você já tenha escutado frases do tipo:

"Você só não esquece a cabeça porque ela está colada ao seu corpo", correto?

O grande ponto é que assim como **"esquecemos"** de coisas, também esquecemos de produtos, marcas, etc. Em outras palavras, se você abandonar o seu cliente "comprador" em pouco tempo você será deixado de lado.

<u>Isso significa que ele seguirá em **frente**, procurará outros produtos, soluções, serviços, etc.</u> Se ele não tiver resultados com o seu produto/serviço, não terá nada para ser compartilhado com outras pessoas, nada que possa valer a pena ser passado para frente.

Perder a atenção do seu público depois da compra é tão prejudicial para o seu negócio do que não conseguir chamar a atenção para gerar uma primeira compra.

Se você tiver um cliente que comprou o seu produto, não usou ou não teve resultados ele será muito mais prejudicial para o seu negócio do que aqueles que nunca compraram nada.

"Eu já comprei/usei, mas hoje não uso mais."

Imagine o seguinte cenário. Um dos seus clientes recebe a ligação de um amigo que está interessado em seu produto e então ele lhe pergunta:

– *Oi João, tudo bem? Eu soube que você já comprou o treinamento X, estou pensando em comprar. O que você acha, você teve resultados?*

Esse é um momento altamente crítico para o seu negócio. Se a pessoa responder:

– *Eu comprei, mas não usei...* ou: – *Eu ainda não consegui colocar em prática!*

Sua quase-venda pode ter ido embora.

Há cerca de um ano, uma de nossas clientes dos nossos grupos de negócios decidiu aplicar para fazer parte do nosso programa mais avançado, que é a Sala da Mente-Mestre.

O investimento para fazer parte desse grupo é de R$ 30.000,00 por ano. Ela conhecia cerca de 12 pessoas que já estavam dentro do meu grupo. Um por um ela foi ligando e fazendo perguntas do tipo:

» Como é o grupo?

» Você está gostando?

» Você me recomenda?

» Você acha que é para mim?

» Como é a entrega do Natanael no grupo?

E assim por diante. Depois de todas as entrevistas ela se sentiu aliviada e segura para seguir em frente. Agora imagine que boa parte dos seus colegas tivesse respondido:

– *É, não estou gostando.*

A Lei da Recorrência consiste em encarar que o seu CLIENTE é muito mais importante do que os "Quase-Clientes". É impressionante como muitos empresários simplesmente ignoram as pessoas depois do momento mais importante que foi a venda.

Quando eu pergunto: Depois que a pessoa compra o seu produto, o que acontece? A maioria responde a mesma coisa: Nada. Em um modelo de negócios de **recorrência**, o primeiro pagamento é somente o passo inicial, o objetivo da empresa é que a pessoa continue pagando, mês após mês.

Experimente "**fingir**" que você precisa fazer com que aquele mesmo cliente tenha o desejo de pagar novamente pelo seu produto/serviço e sua visão sobre crescimento mudará radicalmente.

A Jornada de Vitórias do seu Público

Repare na estrutura desse livro que está nas suas mãos. Eu comecei falando sobre Atenção, ou seja, como parar de perder tempo e dinheiro com publicidade que não funciona e começar a usar o conhecimento sobre a mente do seu público para ganhar sua atenção.

Concorda comigo que somente isso já seria uma grande vitória para você? Se o livro terminasse na primeira parte, somente lhe ensinando como chamar atenção do seu público, não seria algo positivo?

Acredito que você esteja concordando comigo nesse momento. Essa é uma informação útil, porém incompleta. Afinal, você pode pensar: *Ótimo Natanael, agora eu sei como chamar atenção, mas como transformar isso em um processo de vendas?*

Foi então o momento que entramos na segunda parte do livro. Eu lhe apresentei os tipos de campanhas e os bastidores de cada modelo para você transformar atenção em modelos de campanhas e esses modelos de campanhas em vendas e lucro para o seu negócio.

Nesse momento você deu mais um passo na sua jornada de vitórias com esse livro, concorda?

Ainda assim, eu lhe dei mais uma informação útil, porém incompleta. **O que adianta você conseguir fazer isso somente uma única vez?**

Não adianta chamar atenção e vender, você quer continuar vendendo todos os dias, não é verdade? É nesse momento que estamos na terceira e talvez a parte **mais importante do livro. Talvez não**.

Afinal, está tudo conectado. Sem atenção, não existe venda, sem venda, não tem cliente e sem cliente não existe o **cliente multicomprador ou o cliente multiplicador**.

Da mesma maneira que esse livro foi cuidadosamente planejado em **fases de vitórias**, você precisa definir a jornada de vitórias do seu público com o seu produto/serviço.

Pense nisso como uma grande evolução. *Vou lhe dar um exemplo de como seria essa jornada.*

Imagine que eu criasse um treinamento ensinando "Como Escrever um E-book". Você comprou o treinamento e começou a assistir e então, depois de 60 dias conseguiu escrever o seu primeiro e-book.

A meta foi cumprida, correto? Sim! Eu prometi lhe ensinar como escrever um e-book e agora você está com o seu e-book finalizado.

Agora qual seria o próximo passo dessa jornada de vitórias? Muito bem! Agora você tem nas suas mãos um e-book, você sabe como vender esse e-book?

Não? Felizmente, é exatamente isso que eu ensino no meu treinamento **"Como Vender de 5 a 10 e-books por Dia"**. Percebe a ideia de jornada?

A cada passo que o seu público **avança as dificuldades são diferentes**, porém, totalmente ligadas com o passo anterior. Imagine que a pessoa termina o treinamento e fala:

– *Natanael, eu já estou vendendo meu e-book todos os dias, qual meu próximo passo?*

Bem, eu poderia falar. Agora você vai escrever o seu segundo e-book. Provavelmente você deve estar pensando: *Meu Deus, eu demorei tanto para fazer o primeiro, o segundo deve demorar também.*

Então, eu poderia vender: **Como Escrever Novos E-books em 15 Dias ou Menos"**. Aqui eu poderia ensinar como transformar o conceito do seu primeiro e-book em um segundo material, por isso a produção seria muito mais rápida.

Percebe a evolução?

– *Ok Natanael! Terminei o meu primeiro e-book, comecei a vender todos os dias, já criei o segundo muito mais rápido, estou vendendo também, e agora?*

Bom, agora você pode transformar o seu e-book no seu primeiro treinamento online com videoaulas. **Felizmente, é exatamente isso que eu ensino no meu treinamento "O seu Primeiro Curso Digital"**.

Todos os exemplos acima foram criados para você entender um pouco do contexto da jornada. Talvez você esteja pensando, mas Natanael eu não tenho vários produtos assim, eu só tenho um único curso completo.

Nesse caso, basta que você analise o conteúdo completo e dentro dele identifique pequenas vitórias que possam ser isoladas. Não é o meu objetivo aprofundar nesse tópico Jornada de Produtos, afinal, só esse tema já valeria um livro completo.

Se você quer se aprofundar nesse tema, eu tenho um curso chamado **"Venda Irresistível"**. Nesse treinamento eu detalho esse processo de criação de jornada de produtos e jornada de vitórias.

Para encontrar esse treinamento basta pesquisar no Google "Venda Irresistível Natanael Oliveira".

Você que não vende produtos digitais deve estar pensando, mas como eu faço para utilizar o conceito de jornada de vitórias no meu produto?

A lógica é um pouco diferente, mas extremamente simples de ser implementada.

Vamos começar por produtos físicos.

Como Criar Jornada de Vitórias com Produto Físico

Imagine que você vende roupa para o público infantil. Imagine agora um look completo. Calça, camisa, cinto, chapeuzinho, sapato, etc. O look completo consiste na "Jornada Completa".

Semelhante ao treinamento digital completo, o look completo representa então o mesmo contexto.

Aplicando o conceito de jornada no mundo físico, **o ideal é que em vez de tentar vender o look completo**, seja feita uma superoferta para um dos itens. Vamos imaginar que você se concentre somente no chapeuzinho.

Imagine que na loja tenha um chapeuzinho que custe R$ 49,90. Então, imagine que é feita uma superoferta de R$ 49,90 por R$ 29,90 somente nos próximos 2 dias.

Quando a cliente chegar para comprar o chapeuzinho por R$ 29,90, você pode oferecer a camisa para combinar com o chapeuzinho.

As chances de vender a camisa ou qualquer outro segundo item para quem veio comprar o primeiro item são extremamente superiores quando comparadas a uma oferta direta do look completo.

Por mais que esse tipo de estratégia não seja uma grande novidade no mundo físico, a ideia é uma mudança completa na forma de promover os produtos da loja.

Quando você começa a usar a Lei da Recorrência e a Jornada de Vitórias, **100% das suas ofertas passam a se concentrar nesses princípios**.

Ou seja, a ideia não é que você tenha apenas uma única oferta nesse formato que incentiva uma primeira compra para gerar uma segunda ou terceira. Nessa nova abordagem o ideal é que todas as suas ações se concentrem nessa combinação de ofertas.

Nos EUA uma empresa que vende guitarras se concentra inicialmente em vender **"Pacotes de Palhetas"**. Você não precisa obrigatoriamente vender produtos de menor valor como uma primeira parte dessa jornada, a ideia é você se concentrar em algo que seja mais fácil de vender para desconhecidos.

Quanto mais rápido você transformar um desconhecido em um cliente, mais rápido e mais fácil será transformar esse cliente em um cliente multicomprador.

Esse é o conceito da jornada.

Se você prestar atenção na Lei da Recorrência e garantir que o seu cliente terá resultados, esse cliente **multicomprador** poderá se tornar rapidamente **um Cliente Multiplicador, ou Cliente-Fã**. E é assim que você cria um movimento altamente lucrativo para sua empresa.

Se você trabalha com produtos físicos que não necessariamente tenha uma visão de "combo", jornada de vitória consiste em ajudar o seu público a extrair o máximo possível da primeira compra.

Por exemplo: imagine que você venda "Automação Residencial". Após a venda e instalação do projeto o seu cliente começará a utilizar todos os novos recursos instalados em sua casa. Qual seria o seu próximo passo?

Em vez de simplesmente entregar manuais ou até mesmo vídeos tutoriais ou deixar um telefone para suporte, imagine que você ofereça para os seus clientes uma **Comunidade Exclusiva de clientes no Facebook**.

O objetivo é que os seus clientes de automação possam compartilhar experiências, dúvidas, novos recursos e acompanharem as evoluções dos seus equipamentos.

Imagine que seja criado o **"Club dos Donos de Casas Inteligentes"**. Todo mundo adora participar de comunidades com interesses em comum, e essa é uma forma de garantir que o seu cliente estará perto de você e lembrando da compra dele o tempo todo de maneira positiva.

Vou lhe dar um exemplo prático disso. Eu tenho dois pets. Um macho chamado Costelinha (Bulldog Francês) e uma fêmea chamada Sofia (Pug). Eu faço parte de duas comunidades diferentes.

Uma de donos de Bulldogs Franceses e outra de donos de Pugs.

Qual dessas comunidades foram criadas por donos de PetShop ou Canil? Nenhuma delas.

Se eu fosse o dono de um PetShop ou Veterinário, certamente eu teria um grupo como esse. Não precisaria ser um grupo com milhares de pessoas, apenas algumas dezenas ou centenas.

O objetivo é manter o seu cliente perto de você, reforçando aquela experiência positiva de compra e sendo acompanhado de perto. Como veterinário, obviamente não faria atendimentos no grupo, mas daria orientações gerais e recomendaria o agendamento de uma consulta para casos que fossem necessários.

Percebe como qualquer negócio pode investir em próximos passos? **Seja oferecendo novos produtos complementares ou permitindo que o seu público fique por perto?**

Como Criar Jornada de Vitórias com Serviço

Talvez o mercado de serviços seja um dos mais simples de implementar a ideia de **"Jornada de Vitórias"**. Por quê? A resposta é bem simples: a maioria das pessoas demora para fechar um contrato de serviço exatamente por conta dessa palavra "contrato".

O medo de tomar uma **decisão errada na contratação de um serviço** é algo que tem atrasado o faturamento de muitas empresas de serviço. A solução é extremamente simples, basta dar a oportunidade que as pessoas "experimentem" o seu serviço antes de contratar ou vejam exatamente como funciona o seu serviço antes mesmo de fechar negócio com você.

> Existem duas maneiras de fazer isso. A primeira é um pouco mais sofisticada e a segunda é bem simples.

Vou começar pela sofisticada. Quando eu vendia serviços de Consultoria em SEO eu decidi que precisava aumentar a minha autoridade e visibilidade no mercado brasileiro. Afinal, quanto maior sua autoridade, menos objeções e mais fácil de vender.

Eu escrevi um **E-book chamado SEO na Prática** e comecei a promover esse material. Naquele material eu explicava exatamente o método que usava com os meus clientes de **Consultoria em SEO**.

Os meus "leitores" eram clientes em potencial e o que começou a acontecer? Os empresários baixavam o material, muitos sequer liam o material completo e então pediam para conversar comigo. Simples assim. A empresa SalesForce tem vendido muitas assinaturas do seu serviço com os livros que falam sobre o método por trás da ferramenta. Livros como Receita Previsível funcionam como uma perfeita carta de vendas para a ferramenta.

Esse livro mesmo que está nas suas mãos, é minha carta de vendas para você também (acho que você já percebeu isso). Uma carta de vendas não precisa ser chata, fraca ou superficial. A lógica é sempre a mesma. Eu lhe entrego algo extremamente útil, porém incompleto, ou seja, sempre tem algo a mais que você pode buscar depois de ter uma primeira vitória. Simples assim.

Mas talvez você não se sinta pronto para começar a investir em educação, criação de livros, treinamentos para vender o seu serviço.

Felizmente existe um segundo caminho.

A ideia é que você simplesmente pegue um pedaço do seu serviço e transforme em um produto pontual. Vou explicar melhor.

Hoje eu ensino meus alunos do programa de formação Expert em Vendas Online que o melhor caminho para fechar contratos de R$ 10.000,00 consiste em começar fechando projetos de R$ 1.500,00.

Repare nessa ordem: feche PROJETOS de R$ 1.500,00 para depois vender uma CONSULTORIA de R$ 10.000,00 por mês. Funciona de uma maneira bem simples.

A ideia é que seja **vendido um projeto de COPY (Copywriting)** que consiste em estratégias de escrita persuasiva para gerar vendas. A ideia é que em vez de tentar vender uma consultoria de R$ 10.000,00 por mês, não tente criar um compromisso de longo prazo, simplesmente faça uma venda única de R$ 1.500,00. <u>Ou seja, empresário, aqui está o projeto completo de R$ 1.500,00 como prometido.</u> Se você quiser continuar mensalmente e adicionar esses outros serviços, o valor é de R$ 10.000,00 por mês.

É muito mais fácil vender para quem já comprou e gostou, em vez de simplesmente começar já tentando fechar um contrato desse valor. É a mesma ideia da <u>Jornada de Vitória.</u>

Basicamente estou falando de uma estratégia de **"Redução de Risco"**, quanto mais simples (e alguns casos mais baratos) for para comprar mais rápido você transforma um desconhecido em um cliente, um cliente em um cliente multicomprador (Cliente-Fã).

O grande problema é que muitos prestadores de serviço já chegam tentando fechar contratos de 12 meses com milhares de cláusulas, etc.

Obviamente dependendo do seu tipo de negócio a implementação desse conceito pode ser um pouco mais complexa, mas se você conseguir encontrar um caminho para oferecer algo mais simples que possa virar um segundo projeto mais completo, **esse é o caminho mais seguro para transformar desconhecidos em clientes.**

O Segredo do Lucro Recorrente

Se você é um leitor atento já deve ter percebido que a mensagem principal desse livro consiste em **técnicas para transformar desconhecidos em clientes e na sequência transformar novos clientes em clientes multicompradores**.

São **dois pilares** cruciais para que uma empresa possa continuar lucrando todos os dias, todos os meses e pelos próximos anos.

Mas o segundo segredo é que chega um dado momento que os seus clientes multicompradores, isto é, clientes-fãs, passam a representar a maior parte do lucro da sua empresa e se tornam a principal fonte de novos negócios.

Esse é o cenário que eu chamo de **"Mundo Perfeito"**. Imagine um dia que os seus clientes atuais continuam comprando de maneira recorrente e ao mesmo continuam indicando novos e novos clientes.

Não são todas as empresas que têm a capacidade de criar **novos produtos/serviços** ao longo dos anos e também não são todas que conseguem dar tanta atenção aos seus clientes atuais.

É por isso que existem empresas que continuarão fazendo sucesso e outras não. Se você observar empresas como Apple encontrará esses dois padrões.

Observe o meu caso: eu tenho um Iphone X, já tive todos os outros (4G, 5, 6, 7). Tenho um Macbook, tenho um Apple Watch (já é o segundo), tenho um Magic Mouse, tenho um Ipod e um Ipad.

Já quebrei a tela do Iphone duas vezes e usei o serviço de reparação da Apple. Particularmente quando leio algum livro que fala da Apple, Disney, Uber e outra empresa na lista das gigantes, sempre penso **na implementação direta para pequenas e médias empresas**.

É diferente o efeito de um movimento feito pela Apple *versus* uma pequena e média empresa, concorda? Por isso que é importante encontrar os princípios para que possamos replicar dentro da realidade de cada negócio.

O ponto principal para você ativar na sua estratégia envolve o **olhar atento para sua margem de lucro**, em outras palavras, sua capacidade de continuar vendendo mais e manter o dinheiro sobrando na sua conta.

Essa visão nos dois pilares **"desconhecidos em clientes"** e **"clientes em multicompradores"** é o que pode garantir um lucro no médio e longo prazo. Já vi muitas empresas que enfrentaram o que eu chamo de "Barreira do Lucro".

Pense na ideia da Barreira do Som ou simplesmente imagine que você está dirigindo o seu carro com uma velocidade média de 40 km/h.

Imagine que você colocou sua mão para fora da janela, como provavelmente você já fez quando era criança.

Quanto maior a velocidade do carro, maior a força do vento na sua mão e mais força você precisa fazer para manter sua mão reta. Agora imagine que a velocidade do carro aumentou para 150 km/h.

Deixar a mão do lado de fora não é uma boa ideia, concorda?

"Natanael, o que é que isso tem com manter uma empresa lucrativa?" Tudo isso foi para dizer que quanto mais rápido você tenta crescer sua empresa mais arriscado e difícil fica manter o seu lucro no lugar certo.

Em alguns casos a empresa está crescendo em um ritmo de 15% ao ano e o lucro está em uma margem de 30%. O empresário decide que tem que crescer em um ritmo de 30% ao ano, porém, nessa velocidade a margem de lucro caiu para 20%.

O **problema** é que chega um momento que o ritmo de crescimento não se sustenta por uma série de outros fatores e a margem de lucro de 20% já não é mais suficiente, pois o volume geral de vendas foi reduzido.

Na maioria dos casos a barreira do lucro é quebrada pelo foco cego no faturamento em vez de ficar de olho na margem de lucro. É exatamente por isso que o olhar na **Lei da Recorrência** e da **Jornada de Vitórias** é tão importante para a saúde da sua empresa.

Mais um detalhe importante para você que é dono de uma pequena e média empresa. No final das contas, você está de olho também nos boletos que você tem para pagar, não é verdade?

Eu falo dos seus boletos pessoais, o seu cartão de crédito pessoal e o seu custo de vida. Se a margem de lucro da sua empresa cair drasticamente, isso irá impactar diretamente na sua vida pessoal.

E é exatamente nessa parte que precisamos ter um olhar mais realista das coisas. Empresas como Apple, Google, Facebook, Uber, tem acionistas investidores que colocaram dinheiro na ideia de outras pessoas.

<u>Quando você é um pequeno e médio empresário, só tem o seu dinheiro ali.</u> Por isso eu sempre aconselho você ir com muita calma e disciplina no caminho do crescimento da sua empresa.

Lembre-se: você tem boletos para pagar. Não sou contra o crescimento, muito pelo contrário, porém, existem muitos conselhos que criam a impressão que crescer uma empresa significa simplesmente "comprar mais tráfego" ou criar mais vídeos".

Essa ideia é simplesmente ridícula e estúpida, apesar de ser uma ideia tentadora, por favor, entenda que uma empresa é um organismo muito mais complexo do que simplesmente anúncios e vídeos.

Mais uma vez, não estou dizendo que esses pontos não são importantes, afinal, eu mesmo ajudo muitas pessoas com esses elementos, no entanto, a lucratividade de um negócio é a métrica mais importante de todas para ser acompanhada.

Felizmente, a **Lei do Lucro** é exatamente o nosso próximo tópico.

Capítulo **7**

LEI DO CLIENTE COMO O CENTRO DA ESTRATÉGIA

Nada é tão atrativo para os empresários do que a promessa de uma **"receita mágica do sucesso"**. Siga esse passo a passo até o final e consiga o sucesso tão desejado para o seu negócio. Existe uma famosa frase do lendário Peter Drucker que diz: "Quando você vê um negócio bem-sucedido é porque alguém, algum dia, tomou, uma decisão corajosa".

Longe de mim tentar "corrigir" o Sr. Drucker, mas me permita uma pequena ousadia de sugerir uma leve modificação nessa frase. Ficaria mais ou menos assim: **Quando você vê um negócio bem-sucedido é porque alguém, algum dia, tomou uma decisão inteligente.**

Obviamente são palavras diferentes para contextos completamente distintos. Enquanto Drucker se refere à coragem necessária de um empresário no agir sem ter certeza, no seguir em frente quando todos dizem que não valerá a pena, estou me referindo ao pensar claramente antes de tomar decisões importantes, falo sobre buscar por informações organizadas e orientações especializadas. Eu gosto de dizer o seguinte:

O Empreendedor precisa ser corajoso para começar um negócio, mas precisa ser inteligente para que ele continue de pé.

A ideia do empreendedor herói tem atrapalhado muitos donos de negócio quando o assunto é sair da fase da sobrevivência ou do que eu chamo do "primeiro paraíso" e avançar para a fase da abundância e foco em servir os seus clientes.

Sejamos honestos, por mais que todas as empresas tenham como grande meta servir o seu mercado, servir os seus clientes, as primeiras fases de uma empresa se parecem mais com a imagem de um náufrago que acabou caindo do navio da **"Zona de Conforto"** e teve que começar a se virar em um local deserto, sem recursos, apoio ou algo do tipo.

A fase da sobrevivência deveria ser uma fase temporária, não um estado final. Talvez você conheça empresários que estão sempre "correndo atrás do prejuízo", enquanto outras empresas continuam crescendo, expandindo, aperfeiçoando seus produtos/serviços, e outros estão contando moedas.

É importante destacar que não me refiro às empresas que crescem baseadas em dívidas e mais dívidas, isto é, tem um falso crescimento baseado no endividamento em uma esperança que gere retorno. Estou falando sobre empresas lucrativas que podem reinvestir o lucro na direção da próxima fase.

Qual o Segredo do Sucesso nos Negócios?

Se você conversar com 10 empresários diferentes que alcançaram sucesso em seus empreendimentos, provavelmente você escutará 10 "fórmulas" ou "receitas" diferentes de como chegar lá. **A verdade é que nenhuma delas servirá para você. O motivo?**

Aquela fórmula ou receita foi algo que funcionou para eles e não obrigatoriamente funcionará para você. Felizmente ou infelizmente, a grande verdade é que no mundo dos negócios não existe solução rápida para problemas difíceis e não existe solução fácil para criar projetos lucrativos.

Existe um comportamento quase que viciado dos donos de negócios em buscar pela **"novidade do momento"**. Essa busca pela novidade é sempre uma esperança de encontrar soluções rápidas para problemas difíceis ou soluções fáceis para criar projetos lucrativos.

Como dito anteriormente, felizmente ou infelizmente isso não existe. Porém, um empreendedor inteligente procura por diretrizes, isto é, informações que o ajudem em suas tomadas de decisões.

Lembre-se: depois do primeiro momento de coragem em começar um novo negócio é preciso ir para a fase da inteligência. O que estou tentando dizer é que Empresas Lucrativas têm Donos Medrosos. Em outras palavras, *seja mais medroso*.

Como assim ser mais medroso?
O empreendedor não é destemido?

Algumas pessoas não gostam do termo empreendedor e preferem usar empresário. A justificativa é que empreendedor signifique uma "fase inicial" e empresário signifique uma frase mais "madura e profissional".

Particularmente acho tudo isso uma **grande bobagem**. No entanto, concordo que a ideia de empreendedorismo muitas vezes é tratada de maneira muito romântica. Por outro lado, a vida de empresário acaba gerando uma ideia de algo com muitas preocupações, agenda lotada, etc.

Cada uma das visões tem sua parcela de realidade, mas sabemos que criar um estereótipo nos dois casos não é inteligente.

O ponto mais importante que precisamos discutir é a ideia de cada uma das fases e do modelo cíclico de todas a empresas.

Como dito anteriormente, todo negócio começa com mais **"força de vontade"** do que planejamento, com mais desejo de fazer acontecer do que processos bem estruturados. Qualquer empresa no seu começo tem tudo para dar errado, seja por total falta de preparo ou por falta de experiência, mercado, etc.

As razões são infinitas. Se você conversar com qualquer empresário vai perceber que no começo tudo foi acontecendo, foi se dando um jeito e as coisas foram acontecendo. Essa é a história de todos.

Mas o ponto-chave é que por mais que existam momentos que esse **"espírito guerreiro"** precise entrar em cena, uma empresa lucrativa precisa de um dono mais inteligente que corajoso. **A fase de "vamos ver no que vai dar" já passou. Agora é a fase de vamos encontrar a maneira mais inteligente.**

Logo, a minha defesa de Empresas Lucrativas Têm Donos Medrosos significa que:

Um empresário medroso não muda uma estratégia de vendas da noite para o dia porque alguém falou que está tendo uma conversão "matadora". Ele estudará quais os princípios dessa estratégia de vendas, vai buscar mais informações, executará testes iniciais e irá mensurar resultados.

Um empresário medroso não coloca dinheiro em publicidade para "ver o que vai acontecer". Ele irá parar, definir as metas, identificar os melhores canais, criar testes iniciais com verbas menores, validar a estratégia e calmamente irá escalando seus investimentos.

Um empresário medroso não tem coragem de ficar um mês sem vender. Por mais que eles tenham planos de executar superpromoções ou o lançamento de novos produtos, turmas ou novas versões de produtos da empresa, ao mesmo tempo ele terá produtos disponíveis para vender todos os dias. Observe a Apple, por mais que ela faça grandes lançamentos anuais, não existe um dia que a loja não esteja aberta vendendo os modelos "mais antigos".

Um empresário medroso não acredita em qualquer número que contam para ele. Se alguém começa a falar: fature R$ 1 milhão, R$ 2 milhões, R$ 100 mil, R$ 200 mil em 7 dias, 30 dias, 60 dias. Ele não acredita cegamente em tudo o que falam. Ele analisará quanto foi investido para alcançar esse resultado? Quanto sobrou? Qual foi o lucro? Quem está por trás do produto/serviço?

O empresário medroso olha para o LUCRO e não para o faturamento. O empresário medroso está mais preocupado com o dinheiro que vai sobrar na conta dele. Ele não quer comemorar faturamento, mas o lucro, pois ele sabe que no final das contas, não é tão lucrativo faturar R$ 100 mil e ficar com R$ 20 mil. Principalmente quando ele não tem certeza se conseguirá fazer isso no futuro.

O empresário medroso não gasta dinheiro com algo que ele não consegue mensurar o retorno sobre o investimento. O bom empresário medroso jamais investirá centenas de milhares de reais na compra de fãs, esperando que um dia o número de fãs gere uma autoridade mágica que faça que suas vendas aumentem. Ele quer investir em algo que consiga fazer uma conta simples: investi X e retornou Y.

Mais uma vez, ser medroso significa tomar decisões com sabedoria, com base em dados e conselhos. É claro que existem momentos que o *feeling* prevalece. Os números não dão suporte na decisão, mas você sente que outro caminho inexplorado pode ser uma boa escolha. Sempre existem exceções onde você será mais corajoso do que "inteligente".

Mas casos assim não devem se tornar uma regra. Mas como eu gosto de dizer:

Ninguém pode conduzir uma empresa somente com base na sua coragem de correr riscos. Cedo ou tarde o que é arriscado de acontecer, acontece.

Como um empresário medroso cria uma estratégia lucrativa?

A primeira coisa que um empresário medroso precisa entender é que existem **dois tipos de estratégias**.

Nova e Passageira X Velha e Duradoura

A estratégia nova e passageira são ações específicas, ferramentas, modelos que alguém cria e gera resultados extraordinários, isto é, completamente acima da média. No entanto, em questão de semanas, meses ou poucos anos, aquilo que funcionava maravilhosamente bem, simplesmente não funciona mais.

Existem várias razões que reduzem drasticamente a eficiência das novas estratégias. Porém, a principal delas é o uso excessivo. Geralmente essas estratégias chegam como algo "salvador". Lembra do que conversamos há pouco? Soluções rápidas para problemas difíceis e soluções fáceis para projetos lucrativos?

Geralmente o "Novo e Passageiro" chega como a grande revolução que faz com que tudo o que existe se torne da noite para o dia algo irrelevante. Aqui muitos empresários "corajosos" tomam decisões extremamente arriscadas e param tudo para se dedicar naquela "solução milagrosa".

Já as estratégias que fazem parte do **padrão "Velha e Duradoura"** consistem em algo que já foi consolidado pelo tempo, porém, não têm promessas tão "milagrosas". Em outras palavras é algo que funciona, continuará funcionando, mas é extremamente difícil de implementar.

Agora coloque essas duas opções na frente de um empresário:

1. Vai mudar sua empresa da noite para o dia. Algo que você nunca viu. Faturamento rápido em poucos dias.

2. Vai mudar sua empresa. Não será da noite para o dia e o resultado crescerá aos poucos.

Qual você acha que a maioria escolhe?

Como a maioria tem mais coragem que juízo, muitos embarcam com tudo na opção 01. Porém, um empresário medroso sabe que quando a esmola é demais...

Eu sei que olhar para a segunda opção do **"funciona mas demora"** não é tão animador assim. Mas eu tenho uma boa notícia para você. A boa notícia é que existe uma terceira opção.

A terceira opção é:

3. Vai mudar sua empresa. Você pode conseguir os *primeiros resultados* no curto prazo e sustentado nesses resultados você pode continuar escalando, avançando, e claro, **lucrando mais**. Em outras palavras, existe uma maneira de perceber que você está tendo resultados mais rápidos, ou seja, é possível perceber e acompanhar a evolução.

Qual é essa terceira opção e como começar a seguir esse caminho agora?

Todo empresário deseja **lucro, isso é inegável**, mas o problema é que muitos não entendem que só existe uma única maneira de conseguir verdadeiro lucro que é *atraindo e mantendo clientes*. Você só tem lucro se tiver clientes e sua empresa só se torna realmente lucrativa se os seus clientes continuarem perto de você.

Você só consegue que os seus clientes continuem perto de você se a sua empresa continuar relevante para eles. Você quer ser uma Kodak? A Kodak no seu ápice chegou a gerar US$ 4 bilhões, algo próximo de US$ 50 bilhões de hoje imprimindo fotos. É claro que estamos falando aqui de uma corrida que envolve mudanças tecnológicas, mas o contexto é o mesmo, se alguém oferecer algo melhor que você, sua empresa vai falir.

Recentemente a Harvard Business Review fez uma pesquisa com grandes empresas globais sobre o chamado Customer Centric Strategy que significa o Cliente como Centro da Estratégia. **Essa é a visão considerada como a estratégia mais segura e duradoura para manter uma empresa no caminho do lucro e da abundância.**

Um dos principais pilares dessa visão envolve a **criação de estratégia** com base em dados criados pelos próprios clientes. Porém, com uma mudança na ordem da coleta de informações.

Vou explicar.

A maioria das empresas atualmente fazem pesquisas para responder a seguinte pergunta: **Como eu faço para que a pessoa compre?**

Os grupos focais e as pesquisas têm como objetivo identificar: Você compraria isso? Essa propaganda desperta desejo em você? Essa imagem cria o desejo em você por esse produto?

Com base nisso as agências criam peças e transformam dados em lucro. Porém, essa nova abordagem sugere um complemento crucial nessa equação que consiste em criar dados pós-compra.

Você comprou esse produto, conseguiu encontrar o que você esperava? Alcançou o resultado que buscava? Por mais que exista uma leve noção de "pós-compra" a ideia do **"Cliente como o Centro da Estratégia é algo muito mais profundo"**.

Vou tentar dar um exemplo mais simples.

Imagine que uma empresa venda um Curso de Italiano. O empresário cria várias pesquisas para descobrir o porquê as pessoas querem aprender italiano, quais as dificuldades que eles têm, qual o preço seria o ideal, etc.

Após coletar os dados ele então cria uma estratégia de vendas. Até aqui tudo bem, esse é o modelo tradicional. Vender mais cursos é a meta inicial. **Quando colocamos o CLIENTE no Centro da Estratégia a visão de resultados é transferida para o cliente e não para a empresa.**

Simplificando, o foco da empresa muda para: Quantas pessoas que compraram o curso estão falando italiano? Quem não está falando, o que aconteceu? Como eu posso levar a pessoa a dar mais um passo? Como eu posso garantir que o cliente continue até o final?

Eu não estou falando sobre **"gamification"** ou sobre conseguir que os alunos assistam o curso completo, estou falando sobre o resultado final, a meta a ser alcançada pelo aluno. Talvez você esteja pensando: "Mas e aquelas pessoas que não terminaram porque simplesmente desistiram?"

Obviamente existem clientes **"fora do controle"** que não têm muito o que fazer, porém, a visão do cliente como CENTRO consiste em se concentrar naqueles que desejam ardentemente o resultado, mas por alguma razão não estão conseguindo.

Aqui entram outros cenários que envolvem um próximo passo na jornada de vitórias, ou seja, o cliente conseguiu terminar o programa, está feliz mas deseja algo a mais. Se ele não encontrar esse "algo a mais" na sua empresa, ele procurará em outra.

Vamos continuar com o exemplo do Italiano. *Imagine que a pessoa finalizou o programa, mas agora deseja se aperfeiçoar em um vocabulário mais profissional. Esse é um exemplo do que nós chamamos de Jornada do Cliente e a Harvard Business Review chama de "Cliente como Centro da Estratégia".*

A Lei do Cliente como Centro da Estratégia é o que pode não somente manter sua empresa viva como pode ajudá-lo a levar sua empresa para o próximo nível.

Lembre-se: não estamos apenas falando sobre manter sua empresa viva, mas de crescer com lucro e previsibilidade.

"Profit for a company is like oxygen for a person. If you don't have enough of it, you're out of the game. But if you think your life is about breathing, you're really missing something." (Peter Drucker)

Essa frase de Peter Drucker infelizmente não é tão conhecida como deveria, por isso vou deixá-la aqui como destaque central para você entender o que significa ter o Cliente como Centro da Estratégia.

A tradução dessa frase diz o seguinte: *Lucro para uma empresa é como oxigênio para uma pessoa. Se você não tem o suficiente, você está fora do jogo. Mas se você pensa que a sua vida é apenas sobre respirar, você realmente está perdendo algo."*

A ideia aqui é de que não é porque algo seja crucial para sua sobrevivência que isso se torna o centro da sua existência. Em outras palavras, todo mundo precisa de oxigênio para viver, mas nós não acordamos pensando: Preciso garantir mais um dia de oxigênio.

Quando aplicamos isso com a ideia do **lucro** o cenário se torna um pouco mais complicado, mas a mensagem continua exatamente a mesma. **O ponto é que toda empresa precisa de lucro para sobreviver,** porém, se a empresa busca somente o lucro, cedo ou tarde ela se perderá no seu caminho.

Aqui entramos em um caminho delicado. Se por um lado você deve se concentrar no cliente como centro de tudo, e agora estamos falando que o lucro, apesar de importante, não deve ser o foco principal, qual a solução para esse cenário?

Como em muitas outras áreas na vida o segredo está "no meio", ou seja, a resposta está no equilíbrio entre as duas coisas. O propósito da empresa é importante assim como o lucro é extremamente importante, porém, você não pode potencializar mais do que o necessário as duas coisas.

<u>Se você olhar apenas para o propósito da sua empresa e não se concentrar no lucro, cedo ou tarde terá grandes complicações</u>. O mesmo acontece para um cenário oposto, ou seja, foco demais no lucro e pouco no propósito da empresa.

Talvez a palavra **propósito** possa gerar em você uma certa **confusão**, mas me permita tentar simplificar a palavra propósito como resultado. **Eu tenho um propósito na minha empresa de ajudar as pessoas a alcançarem liberdade através do conhecimento.**

<u>**Eu acredito que o conhecimento nos liberta.**</u> Se você tiver conhecimento conseguirá superar todas as dificuldades no seu negócio e conseguirá avançar mesmo diante das dificuldades.

Mas percebe como isso é algo "**intangível**"? Por isso eu simplifico minha mensagem dizendo que minha meta é ajudar os meus clientes a Vender Todos os Dias.

Porém, quando eu falo sobre **vender todos os dias** sei que por trás disso existe a ideia de "libertar através do conhecimento". A ideia de propósito envolve simplesmente qual contribuição o seu negócio está dando para as outras pessoas ou para o mundo, podemos dizer assim.

Quando imagino que através do meu conteúdo e método ajudo empresários a começarem a vender todos os dias, eu sei que isso pode gerar <u>mais faturamento para a empresa, necessidade de mais pessoas, mais emprego, famílias com mais renda, e assim sucessivamente.</u>

Em outras palavras, se o seu negócio não está gerando nenhum tipo de impacto positivo, cedo ou tarde ele se tornará irrelevante.

<u>Pense no Google com sua missão de "Organizar as informações do mundo e torná-las mundialmente acessíveis e úteis".</u>

Essa é uma **missão** que dirige a empresa, porém, o que faz com que a empresa continue respirando, ou seja, lucrando é sua capacidade de gerar lucro com publicidade.

Propósito e fonte de lucros são as duas palavras-chave nessa equação.

É muito importante que você tenha cuidado em encontrar o equilíbrio entre esses dois pontos. O lucro continua sendo crucial para o seu negócio, mas saber como sua empresa ajuda o seu público é igualmente importante.

<u>A lei do Cliente como Foco da Estratégia</u> se torna praticamente obrigatória não somente como meio de sobrevivência de uma empresa, mas principalmente como meio de crescimento seguro, lucrativo e duradouro.

O propósito precisa de uma ligação direta com o cérebro reptiliano

Para chamar <u>atenção do seu público a maneira mais fácil e rápida envolve ativar o cérebro reptiliano (assim como foi explicado na primeira parte desse livro). Por isso é fundamental que neste momento você esteja conectando todas as peças de cada uma das etapas.</u>

Eu comecei explicando como usar o **conhecimento** sobre a mente do seu **público** para gerar vendas e agora estou falando sobre como usar esses **mesmos conhecimentos para conduzir todas as áreas de atuação da sua empresa, inclusive o propósito de existência dela**.

A mesma razão pela qual comecei conversando com você sobre publicidade, dinheiro e vendas e somente agora estou falando de outros pontos é a mesma razão pela qual você precisa de uma mensagem clara para o seu público.

Não adianta simplesmente dizer: **A minha empresa tem o cliente como o centro da estratégia.** Isso precisa ser percebido.

Por que eu comecei esse livro falando de lucro, publicidade, dinheiro e atenção? A resposta é simples: *Eu comecei esse livro conversando com o seu cérebro reptiliano.*

O meu objetivo era pegar sua **atenção**, garantir que você iria continuar comigo e que você chegaria à conclusão de que precisava continuar lendo o livro.

Depois de chamar atenção do seu cérebro **reptiliano** foi o momento de conversar com o seu sistema límbico, apresentando provas, sendo específico, dando exemplos e contando histórias de como o método pode ajudá-lo.

Por fim e não menos importante, nesse momento estou conversando com o neocórtex, isto é, com o seu cérebro mais sofisticado, crítico, questionador.

É com ele que eu posso aprofundar cada uma das fases, cada um dos tópicos de maneira aprofundada.

Ter uma estratégia tendo o cliente no centro não envolve simplesmente saber o que o cliente quer, mas como apresentar para ele o que ele deseja.

Aqui talvez esteja a grande falha da maioria **dos "conceitos de negócios"**. Tudo é tratado como se o cliente não estivesse presente na conversa, como se o público não mudasse de opinião ou simplesmente não estivesse prestando atenção.

Quando você estiver conversando sobre o seu cliente, lembre-se que ele está ouvindo a conversa.

O ponto é que a melhor maneira de criar uma estratégia tendo o cliente como o centro, consiste em aprender a ouvir o seu cliente.

Como ouvir o que o seu cliente quer?

A melhor maneira de ouvir e entender o que o <u>seu cliente quer é simplesmente aprendendo a ler o seu mercado de atuação.</u> Nem sempre o que o cliente diz que quer é exatamente o que ele quer.

Não são as pesquisas que irão responder as reais necessidades e desejos do seu público, mas suas ações no seu mercado de atuação.

Não confunda ter o cliente como **centro da estratégia** com **perguntar tudo para o cliente.** Como diria Steve Jobs: *As pessoas não sabem o que querem, até mostrarmos a elas.*

Existem descobertas que você faz observando em vez de perguntando. Aprenda a observar o seu cliente com atenção, acompanhe suas escolhas, analise os seus movimentos, coloque ele no centro da sua estratégia.

Capítulo **8**

A LEI DO MERCADO

Quanto maior for a confusão no seu mercado, mais fácil será criar soluções. Se o leitor entender que é da confusão que vem o desejo por uma solução, rapidamente você se tornará um grande observador do seu mercado.

Vou usar por alguns instantes o mercado de emagrecimento para ilustrar o que eu chamo de "confusão".

Alguns dizem que têm que comer de três em três horas. Outros dizem que o correto é fazer jejum.

Alguns dizem que têm que cortar o carboidrato, outros falam que isso não pode de maneira nenhuma.

Alguns dizem que a melhor maneira de emagrecer é através de exercícios de alta intensidade, enquanto outros defendem que isso é muito arriscado, existem maneiras mais seguras.

Quem está certo? Quem está errado? **Existe alguém 100% certo?** Essa simples pergunta abre margem para calorosas discussões, pesquisas, dados, visões contrárias, etc.

Mas o ponto principal que precisamos analisar nesse momento é: *O que está vendendo no momento?*

As pessoas que vendem a ideia de jejum intermitente? As pessoas que vendem treinos de alta intensidade? As pessoas que vendem dietas sem carboidratos?

A grande verdade é que, em geral, cada uma das promessas atuais conseguirá criar sua comunidade de clientes. Alguns com milhares, outros com centenas de milhares e outros com milhões.

O ponto-chave dessa discussão, e é aqui que **a Lei do Mercado precisa ser observada**, é que no final das contas não é necessariamente o considerado "certo" que vende, mas a mensagem que o mercado irá considerar a melhor naquele momento específico.

É muito comum ver em diversas outras áreas o mesmo efeito da "confusão" instalada. Um profissional diz que uma linha de pensamento é a correta, então aparece outro e diz exatamente o contrário. Quem está certo?

É importante que o leitor entenda que sempre será o mercado a decidir através do seu comportamento de compra aquilo que ele considera melhor ou não.

Talvez você possa dizer: *"Natanael, mas alguns estão mentindo e fazendo falsas promessas para vender"*. O mesmo acontece no mundo da política, por exemplo.

Infelizmente, não existe nada que possa ser feito, a não ser esperar. Sim, **a Lei do Mercado é totalmente ligada com o fator tempo**.

Uma empresa, um político ou outro profissional que consegue fama e alto volume de vendas com falsas promessas, cedo ou tarde colherá a parte ruim da mentira, que são as consequências.

As pessoas se frustram com produtos que têm falsas promessas, assim como as pessoas se frustram com políticos que fizeram falsas promessas. Porém, em um determinado momento a empresa, produto ou pessoa foi vista como uma verdadeira solução.

E é exatamente devido à **Lei do Mercado**, que consiste simplesmente na leitura da situação atual. Assim como um general em meio a uma batalha precisa olhar para a situação atual, você como dono de um negócio precisa ter a habilidade de analisar como está o seu mercado hoje, agora.

Quais as promessas o seu público está recebendo dos concorrentes? *Lembre-se: nesse momento eu não quero que você fique analisando se são promessas verdadeiras ou se tratam-se de meias-verdades, apenas identifique o que os seus concorrentes estão prometendo para o seu público.*

Faça uma lista de três ou quatro empresas/produtos/profissionais relevantes no seu mercado de atuação e destaque quais as promessas que eles estão fazendo para o seu público.

Lembre-se da Lei da Percepção de Al Ries: *O marketing não é uma batalha de produtos. É uma batalha de percepções.*

Nesse momento eu não quero que você compare produtos ou serviços com os seus concorrentes, eu quero sugerir que você **compare as percepções que o seu mercado tem de cada um**.

Em outras palavras, quais os posicionamentos de cada um dos produtos/serviços/empresas que disputam a atenção do seu público no seu mercado de atuação.

Como fazer o seu concorrente trabalhar para você?

Eu vou dar um exemplo real de como comecei a criar o meu posicionamento do **Venda Todos os Dias**.

Em 2013 eu estava migrando minha agência do modelo Full Service para o que chamo de Agência Enxuta.

Em outras palavras estava abandonado o modelo de fazer "tudo para o cliente" que envolvia a questão operacional e comecei a me concentrar na parte estratégica.

Foi nessa época também que comecei o braço educacional criando a Marketing com Digital. Eu iria me lançar no mercado e precisava encontrar algo diferente, novo e com potencial de construir um novo nicho, exatamente como ensina Al Ries.

> Encontre um nicho suficientemente
> pequeno para ser defendido.

Eu sabia que precisava de algo único, mas a melhor maneira de encontrar algo diferente é simplesmente conhecendo muito bem aquilo que já está sendo oferecido no seu mercado.

Naquela época o cenário era o seguinte:

» **Promessa A**: Um Ano de Vendas em X Dias

» **Promessa B**: Venda no Piloto Automático

» **Promessa C**: Trabalhe de onde quiser. Ganhe dinheiro com o seu conhecimento criando produtos

De uma maneira geral era isso que estava sendo oferecido no mercado e estas eram as grandes promessas.

Segui então para o segundo passo que consiste na criação de novas premissas, em outras palavras, **pontos "fracos" ou brechas de mercado**.

O próximo passo consiste simplesmente em aplicar o que eu chamo da técnica do "E Se...". <u>O objetivo é basicamente concordar com a promessa apresentada pelo seu concorrente, porém, adicionar uma pequena pergunta "E se..."</u>

Por exemplo: um ano de vendas em X dias é algo incrível, muito bom mesmo. Mas e se não vender?

Ou seja, e se não gerar o volume de vendas que era esperado? O que fazer?

Exemplo 2: vender no piloto automático é algo realmente incrível, libertador, mas e se um dia parar de funcionar?

Ou seja, se um dia simplesmente o automático travar e as vendas pararem? O que fazer?

Exemplo 3: trabalhar de onde quiser é algo maravilhoso, incrível essa oportunidade. Mas e se você não quiser trabalhar?

<u>Ou seja, e se você quiser ficar lá só viajando e não trabalhar? O seu negócio vai continuar rodando? Se só tem você?</u>

Perceba que para cada **promessa** procurei algo que pudesse gerar uma nova premissa. Repare com atenção que eu não preciso discordar em momento algum, pelo contrário, eu reconheço o potencial, no entanto, faço uma pergunta genuína.

Agora é o momento de criar novas opções para solucionar cada um dos problemas.

Ficou mais ou menos assim:

Um Ano de Vendas em X Dias: e se não vender?

É por isso que particularmente prefiro Vender Todos os Dias. Acho mais seguro.

Venda no Piloto Automático: e se parar de funcionar?

É por isso que gosto de trabalhar com novas campanhas de vendas semanais. Tem mais segurança, lucro e previsibilidade.

Trabalhe de onde quiser: e se não quiser trabalhar?

É por isso que uso processos, templates e modelos para que qualquer pessoa da minha equipe possa executar as campanhas sem a minha presença.

A resposta para as três "falhas" encontradas em promessas dos concorrentes gerou a grande promessa:

Como Vender Todos os Dias Com Lucro, Segurança e Previsibilidade… e usando Processos, Modelos e Templates que qualquer **pessoa da sua equipe poderá fazer**.

Toda a minha promessa de mercado é baseada em premissas que foram construídas observando o mercado a partir da promessa de concorrentes.

Mais uma vez: não existe o certo ou errado, existe aquilo que as pessoas irão "comprar a ideia" ou não.

Para que a minha estratégia de **posicionamento** continue funcionando eu preciso que os meus concorrentes continuem vendendo.

Pense sobre isso. Uma pessoa que viu a promessa "**Um Ano de Vendas em X Dias**" foi lá, tentou fazer e não vendeu, muito provavelmente ela procurará por algo mais seguro, concorda?

É nesse momento que muitas pessoas irão me encontrar falando sobre **Como Vender Todos os Dias**.

Ou seja, é uma pessoa muito mais preparada para ouvir minha promessa, pois ela já viveu pessoalmente a parte negativa que eu prometo resolver.

Da mesma maneira uma pessoa que está ganhando dinheiro com o seu conhecimento, porém, está cansada de fazer tudo sozinha. Esse é um cliente perfeito para ouvir minha promessa sobre Equipe Lucrativa e Enxuta.

O mesmo acontece com as pessoas que estão vendendo no piloto automático e algo deu errado. Elas me encontram prometendo ensinar novas campanhas para não ficar dependendo somente da automação.

O ponto é que quanto mais os meus concorrentes vendem mais público qualificado eles geram. Simples assim.

Eu não fui o primeiro a chegar no mercado, por isso tenho a vantagem de criar algo baseado no que já existe, sejam pontos fortes ou fracos.

O ponto é que muitas empresas simplesmente adotam uma visão de **"não me preocupo com concorrência"**. Eu não estou dizendo para você ficar espionando noite e dia os seus concorrentes, não é isso.

Mas você precisa ficar atento às percepções que estão sendo geradas no seu mercado.

Agora vem o segundo passo que é extremamente importante para continuar "vivo e protegido".

Quando crio o **Venda Todos os Dias** eu consigo colocar em prática os ensinamentos de Al Ries sobre "ataque de flanqueamento", ou seja: encontre um nicho _suficientemente pequeno_ para ser defendido.

Eu crio um novo nicho do Venda Todos os Dias e me torno o líder desse nicho.

De acordo com Al Ries, "somente o líder _poder atuar na defesa_". Mas ele também ensina que: independentemente do seu sucesso, _nunca atue como o líder._

O que entendo dessa dupla recomendação é que uma vez que você executou com sucesso um ataque de "flanqueamento" e agora você assumiu a posição de líder de um novo nicho, comece a atacar você mesmo.

Em outras palavras: "Você fortalece seu posicionamento **criando novos produtos/serviços** que tornam os seus atuais 'obsoletos'."

"É melhor que você se retire do mercado do que seus concorrentes façam isso por você."

"Atacar a si próprio pode sacrificar lucros de curto prazo, mas tem um benefício fundamental. Protege market share, a mais importante arma em qualquer batalha de mercado."

E foi exatamente isso que eu comecei a fazer e esse livro é uma das maneiras que encontrei de tornar os meus produtos "obsoletos" e criar um "autoataque".

Repare com atenção como ficou minha promessa de mercado: **Como Vender Todos os Dias Com Lucro, Segurança e Previsibilidade**... e usando Processos, Modelos e Templates que qualquer **pessoa da sua equipe poderá fazer**.

Agora repare com atenção qual o tema desse livro que está nas suas mãos. Estou falando sobre **atenção, mente, transformar desconhecidos em clientes, clientes em multicompradores e estou falando sobre mensagens poderosas de vendas**.

Se alguém começar a falar sobre Vender Todos os Dias, Campanhas de Vendas, eu mesmo consigo atacar aquilo que criei. Como?

Ok! Vender todos os dias é ótimo, maravilhoso, mas e se o seu concorrente começar a vender mais que você e superar suas campanhas?

Bom! Se você começar a perder mercado provavelmente é porque perdeu a atenção do seu público. Felizmente, é exatamente isso que eu vou lhe ensinar com o que eu chamo de "Não me Faça Dormir".

Se você usar esses **conceitos suas campanhas** irão gerar resultados muito maiores, com muito mais lucro e mais previsibilidade, e mais do que isso, você fará o seu concorrente vender para você todos os dias.

Percebeu como funciona? Depois que você assume uma posição forte com um novo posicionamento você precisa ficar se defendendo sempre que sua mensagem principal for ameaçada.

Dificilmente isso é algo que acontecerá com frequência, afinal, os empresários de um modo geral têm muito "ego" e não vão querer mudar sua promessa principal porque estão perdendo vendas, eles irão ficar tentando voltar aos "velhos tempos".

É assim que muitas empresas morrem, simplesmente por medo de recuar em meio a uma batalha.

Al Ries ensina a estar preparado para recuar no momento certo e também que os fortes movimentos competitivos devem ser bloqueados.

Aprenda a analisar o seu mercado em duas fases. **Primeiro para conseguir identificar as brechas existentes e então garantir sua montanha de posicionamento e segundo, depois de assumir a liderança em um novo nicho, continuar se protegendo.**

É importante reforçar que não estou falando sobre "aniquilar" concorrência, não é nada disso. Estou falando apenas de trabalhar de maneira inteligente.

Você pode coexistir tranquilamente com o seu concorrente, apenas aprenda como fazer eles trabalharem para você e não o contrário.

Quanto mais o seu concorrente vender, mais clientes lucrativos você terá. Não necessariamente no mesmo volume, mas lembre-se que estamos de olho no lucro, não é verdade?

Inevitavelmente com o passar do tempo sua posição começará a crescer e despertar atenção de novatos no mercado ou de "veteranos" que perderam posicionamento, por isso é importante usar a Lei do Mercado ao seu favor.

Aprenda a observar, prever os movimentos, analisar as percepções e dificilmente você ficará encurralado, pelo contrário.

Essa é a Lei do Mercado e é assim que você conseguirá transformar atenção em lucro.

Se o leitor estiver acompanhando todos os detalhes desse livro, entenderá que tudo está conectado. Talvez suas campanhas de publicidade não estejam gerando resultados como antigamente, porque simplesmente alguém está fazendo você trabalhar para outra empresa.

Ou seja, sua mensagem está repleta **de falhas, brechas e oportunidades** para que os seus concorrentes realizem ataques silenciosos, mas altamente poderosos.

Aprenda a analisar sua mensagem de vendas, o seu posicionamento e principalmente as percepções que estão sendo geradas no seu mercado.

Não importa o sucesso que você esteja fazendo, não corra o risco de não observar os movimentos que estão acontecendo no seu mercado.

Isso o manterá não somente vivo, mas pronto para alcançar o próximo nível.

Capítulo 9

COMO CRIAR DISCURSOS LUCRATIVOS: O SEGREDO PARA QUE O SEU PÚBLICO LEMBRE DA SUA MENSAGEM E COMPRE O SEU PRODUTO/SERVIÇO

PARTE 04 – OS MODELOS DE MENSAGENS QUE CHAMAM ATENÇÃO, GERAM LUCRO E VENDAS TODOS OS DIAS

Na primeira parte do livro você aprendeu sobre o mecanismo da atenção e entendeu que para conseguir gerar vendas é preciso primeiro fazer com que o seu público acompanhe atentamente sua mensagem.

Você aprendeu como funciona o nosso **cérebro reptiliano** e viu na prática quais os principais estímulos para ativar o nosso cérebro mais primitivo, que lida diretamente com o nosso instinto de sobrevivência.

Você aprendeu como usar esse **conhecimento na construção de uma mensagem atrativa** e teve a chance de ver os bastidores de como os diretores de cinema usam esse recurso para prender nossa atenção.

Além disso, você aprendeu na prática como usar esses conceitos extremamente poderosos na mensagem de vendas do seu produto/serviço.

Na segunda parte do livro você teve a oportunidade de conhecer a rotina do que eu chamo de **Campanhas de Vendas Online**, isto é, os modelos de vendas que sua empresa precisa utilizar para alcançar a meta de gerar vendas todos os dias.

Você teve a oportunidade de ver os princípios de uma campanha de **aquisição, ativação e monetização** e teve a chance de conhecer todas as fases da execução completa de uma estratégia de vendas online.

Na terceira parte desse livro você foi apresentado às **três Leis para continuar vendendo todos os dias**. Em outras palavras, eu lhe apresentei os princípios estratégicos para que você consiga de maneira consistente <u>transformar atenção em vendas e lucro para sua empresa.</u>

Nessa fase você viu como decisões estratégias no seu negócio estão diretamente conectadas com sua estratégia de vendas que tem todo o seu início na maneira como a mente do seu público funciona.

É importante que o leitor preste atenção na **conexão direta entre as três partes apresentadas até agora** nesta obra, afinal, o leitor atento observará que independentemente de ler esse livro na <u>ordem 1, 2, 3 ou 3, 2, 1 irá gerar as mesmas descobertas e conclusões acerca da maneira mais inteligente, simples e lucrativa de transformar atenção em lucro.</u>

Uma empresa que entende que para analisar o seu mercado é preciso analisar as **promessas e mensagens** que estão sendo apresentadas pelo seu concorrente, sabe que a melhor ferramenta para criar novos posicionamentos é o conhecimento sobre o **cérebro reptiliano** (Parte 01 do livro).

A empresa que consegue criar campanhas desenhadas para **vender todos os dias** (Parte 02 do livro), precisa ter uma visão completa de que a **Lei da Recorrência** é crucial para qualquer empresa que domina os dois pilares da geração de lucro <u>(transformar desconhecidos em clientes e transformar clientes em multicompradores).</u>

Durante a jornada que foi iniciada no primeiro capítulo desse livro continuamos com a mesma meta que é orientá-lo em **como transformar atenção em vendas**, no entanto, mais do que simplesmente mais vendas para sua empresa, o método tem como objetivo ajudá-lo a gerar vendas lucrativas.

Vender com lucro significa pagar "menos" para conseguir atenção, depender menos de volume de visitantes e leads, mas aumentar sua taxa de conversão.

Na Parte 04 desse livro finalizarei esse ciclo apresentando **modelos, templates e estruturas prontas** para você criar mensagens capazes de transformar atenção em lucro, desconhecidos em clientes e clientes em multicompradores.

Na última parte desse livro vou lhe mostrar **os elementos práticos de escrita, construção de posicionamento, mensagem e oferta** que irá tirar sua empresa do status de "mais uma" para líder de um **novo mercado**.

Mercado esse que você irá criar do zero a partir da sua mensagem e discurso. É exatamente isso que você aprenderá nos próximos capítulos.

O Atalho Mental é o recurso mais rápido para ativar o cérebro reptiliano.

O termo **atalho mental** não é algo reconhecido pelo mundo acadêmico ou científico, ou seja, não é algo que você encontrará fora desse livro ou dos nossos treinamentos, mas não se trata de uma ideia nova, apenas uma explicação contextualizada de algo que a ciência já estuda e comprova há muitos anos.

Estudiosos da Neurociência, principalmente aplicada à questão da aprendizagem, apontam que a parte do nosso cérebro responsável pela atenção é o **córtex pré-frontal,** que consiste em uma parte localizada no lobo central. Acho que agora você entendeu tudo, não é verdade? (risos)

É importante ressaltar que não é minha intenção aprofundar em questões científicas ou do estudo da mente de maneira avançada, afinal, não é minha área de competência. O meu objetivo como profissional da área de marketing e vendas **é criar estratégias a partir de descobertas feitas e comprovadas de como chamar a atenção do nosso cérebro.**

Explicações feitas, vamos continuar com o Atalho Mental.

Eu criei o nome de **Atalho Mental** para descrever o momento no qual saímos do estado de desatenção para presença, ou algo que podemos chamar de estar no "aqui e agora".

Quando alguém chama o seu nome em uma sala de aula ou sala de reunião: a maneira mais rápida e simples de entender o que eu estou chamando de atalho mental é lembrando do momento que você estava dentro de uma sala de aula ou participando de uma reunião e em um determinado momento *"você parou de participar"*.

Seja porque começou a pensar em algo que tem para fazer, seja por lembrar de algo que não fez ou qualquer tipo de pensamento aleatório que geralmente nossa mente produz no momento que entramos no **"piloto automático"**.

Agora imagine que alguém chama o seu nome e lhe faz uma pergunta do tipo: e então [seu nome], qual sua opinião sobre isso?

Naquele momento você é levado imediatamente para o aqui e o agora, em outras palavras, sua atenção é plena, principalmente se ficar aquele silêncio e todo mundo olhando para você.

Em alguns casos, sua mente, mesmo em estado **"adormecido"**, conseguiu registrar pedaços do que estava sendo dito antes de você ficar no **"modo avião"** e então você consegue mesmo que minimamente expressar alguma opinião.

Mas na maioria dos casos você vai precisar assumir que não prestou atenção e pedirá que a pessoa repita a pergunta.

Porém, se você não está na mesma sala que o seu público, não o conhece e não sabe o seu nome, <u>como você conseguirá fazer com que ele pare e preste atenção no que você está falando? Como conseguir ativar essa atenção em um vídeo online? Ou em um texto online?</u>

Antes de responder essa importante pergunta, vamos ver um segundo caso mais "impessoal" da utilização do recurso do **Atalho Mental**.

Quando as luzes do cinema se apagam e o filme está prestes a começar, você entra no cinema cerca de 10 ou 15 minutos antes do início. Até que algumas mudanças no ambiente começam a acontecer e então você entende que é o momento de desligar o celular, parar de conversar e prestar realmente atenção na tela.

Uma mudança perceptível no ambiente é uma das maneiras que nosso cérebro entende que algo de diferente está acontecendo e **é preciso prestar atenção**.

Quando as luzes se apagam, é impossível o seu cérebro ignorar que algo mudou, automaticamente nossa atenção é ativada e o aqui e agora fica mais intenso.

Quando alguém buzina para você quando o sinal está verde e você não viu. Você parou no sinal vermelho e então decidiu olhar para suas últimas mensagens no celular. Começa a responder e naquele momento sua mente **"fica imersa"** naquela conversa e todos os sentimentos que envolvem aquela troca de textos.

Se for um problema no trabalho, uma discussão importante com o seu marido ou esposa, no momento que você lê a mensagem o cérebro ativa a atenção para aquela tela e para aquela conversa e o trânsito fica em segundo plano, ou como alguns chamam de **"piloto automático"**.

Até que o sinal abre, você não vê e alguém buzina para você.

Naquele momento em frações de segundos o seu cérebro muda a janela de prioridade e então volta a atenção para o trânsito.

Nesse exemplo a buzina funcionou como uma espécie de Atalho Mental. Primeiro você escuta a buzina, em frações de segundos você olha para trás, olha para o sinal verde e então começa a acelerar o carro.

Esses três exemplos representam uma visão geral do conceito de **Atalho Mental, isto é, tirar a mente do "modo avião" para o momento presente**, o que alguns chamam de aqui e agora. Muitas empresas têm usado essa visão de chamar atenção de uma maneira bastante perigosa.

A ideia não é chamar atenção a qualquer custo ou criar "pegadinhas" para a pessoa prestar atenção, o atalho mental utilizado da maneira correta é chamar atenção para a mensagem principal e não chamar apenas para retomar a atenção.

Volte para o exemplo do carro e o sinal verde. A buzina só retomou a atenção por alguns instantes, talvez no próximo sinal a mesma pessoa que acabou de ser alertada através de uma buzina, novamente passe pela mesma situação. Por quê?

Simplesmente porque ela voltou para o "agora", mas rapidamente retornou para uma outra área de atenção. *Imagine que você está com o navegador aberto com várias janelas em vários sites diferentes. Facebook, Google, Blog, YouTube. A cada vez que você alterna de tela você está mudando seu foco de atenção, mesmo que seja por apenas alguns segundos.*

Eu não estou falando simplesmente de se tornar o foco central da atenção por alguns instantes, **falo sobre conseguir a prioridade da atenção do seu público para continuar acompanhando sua mensagem.**

Agora que você já está um pouco mais familiarizado com o conceito e as metas de um **Atalho Mental** existem três fatores que de uma maneira geral têm o poder de ativar nossa atenção a partir de um atalho mental:

1. **Nosso cérebro é treinado para prestar atenção em mudanças "radicais" no ambiente**. Tudo aquilo que é "inesperado" automaticamente ativa nosso cérebro.

2. **Qualquer coisa que inicialmente não faça muito sentido, funciona como um atalho** altamente poderoso para fazer com que nosso cérebro tente desesperadamente encontrar sentido naquilo.

3. **O Atalho Mental é um botão que precisa ser ativado** antes de iniciar sua mensagem principal.

Mudanças Radicais: imagine que você está no avião e de repente começa uma forte turbulência. Não importa o quão concentrado você esteja em qualquer outra atividade, quanto maior a turbulência mais rápida será sua mudança de foco.

Mais uma vez, todos esses exemplos envolvem cenários presenciais. Isto é, avião, sala de reunião, trânsito, etc. **O que eu vou lhe apresentar agora é como criar esse tipo de atalho mental de maneira online.**

Mas antes de falar especificamente de mensagens criadas para a internet, me permita rapidamente usar o exemplo dos seriados.

<u>O momento usado pelos diretores de séries para ativar o atalho mental não é no começo do episódio, mas no final de cada episódio. Por quê?</u> Retomar a atenção para continuar assistindo ao próximo episódio. É muito difícil conseguir manter a atenção plena durante um filme de duas horas ou um episódio de 40 minutos. <u>Os diretores sabem disso.</u>

Existem partes do filme e do episódio que, apesar de comporem a mensagem principal, não exigem obrigatoriamente uma atenção plena. As novelas de um modo geral também usam o mesmo recurso para continuar gerando atenção e interesse do seu público.

<u>Geralmente os episódios da sexta-feira tendem a ter mudanças radicais ou novos acontecimentos.</u> Repare nas novas temporadas dos seus seriados favoritos. Os fatos mais marcantes irão acontecer no primeiro, penúltimo e último episódio.

<u>Por mais que todo o restante seja importante na construção da mensagem principal, os grandes acontecimentos irão de fato se desenvolver nos momentos de virada.</u>

Lembre-se do segundo **ponto**: qualquer coisa que inicialmente não faça muito sentido, irá automaticamente despertar o interesse do seu cérebro.

A nossa mente busca profundamente por **"pontos finais"**, ou simplesmente entender o que está acontecendo. *Imagine que você chegou em casa e por alguma razão sua esposa ou seu marido não está falando com você. Você diz oi e não recebe nenhuma resposta.*

Imediatamente sua mente inicia uma busca frenética por justificativas que possam indicar minimamente o que pode ter acontecido.

Essa é a função natural da nossa mente, encontrar sentido, descobrir o porquê, o que, quando, como.

Nesse exato momento estou usando recurso do **Atalho Mental com você**, aos poucos o aproximando um pouco mais da informação final, da mensagem completa, do ponto final.

A resposta que você está procurando é:

Como usar o Atalho Mental em um vídeo, carta de vendas ou texto online?

Existem duas maneiras para usar o recurso do Atalho Mental em um vídeo ou texto.

1. **História pessoal**
2. **Analogias**

Vamos começar entendendo o Atalho Mental ativado por uma história pessoal.

O modelo-mestre de uma estrutura da mensagem de Atalho Mental com história é esse:

<u>Isso aconteceu comigo [História] e isso me fez descobrir como [Sua Promessa]. Me acompanha até o final e eu vou lhe mostrar como isso pode lhe ajudar também.</u>

Vou dar um exemplo prático de uma das histórias que eu uso para criar um Atalho Mental para uma das minhas mensagens de vendas.

A história que eu conto é de quando eu fui para Londres com minha esposa.

A narrativa é mais ou menos assim:

No carnaval desse ano eu fui para Londres com minha esposa, Iaponira. Particularmente não gosto muito do Carnaval e sempre que possível gosto de viajar nesse período para fora do Brasil.

Para quem já fez viagem ao exterior sabe que quando chegamos em outro país passamos por uma pequena entrevista na imigração. Ali eles querem tentar entender o que você pretende fazer no país deles.

Se eles desconfiarem de algo eles podem proibir sua entrada no país, ou seja, é um momento muito sério.

Quando cheguei na imigração o oficial me perguntou o que eu fazia no Brasil. Em inglês disse que tinha uma empresa de treinamento na área do marketing digital.

Ele então fez uma pergunta absolutamente inusitada, nenhum oficial jamais tinha feito aquela pergunta:

– Legal. E qual a lição mais importante você ensina para os seus alunos? Qual a coisa mais importante alguém precisa fazer para conseguir vender na internet?

Eu fiquei absolutamente surpreso com aquela pergunta. Eu não sei se você já tentou explicar o que é marketing digital para uma pessoa que não é da área.

Agora eu estava em um país estrangeiro, falando em outra língua, em uma entrevista de imigração e agora tinha que falar a coisa mais importante que eu ensino para os meus alunos para ter resultados.

Se ele não sentisse firmeza na minha resposta eu poderia ser barrado ali mesmo. Foi então que dei a seguinte resposta: BUILD AUTHORITY... This is the most important thing you need. Build your online presence. I call it The Message Power.

Traduzindo. Construir autoridade... Essa é a coisa mais importante que você precisa. Construir sua presença online. Eu chamo isso de O Poder da Mensagem.

Ele sorriu, carimbou meu passaporte e o da Iaponira e me desejou uma boa viagem em Londres.

Foi assim que eu comecei **a carta de vendas de um treinamento chamado "Kit de Autoridade Online"**. Perceba que eu não comecei falando sobre o treinamento, não falei o nome do produto, não disse nada sobre minha empresa, formação ou coisa do tipo. Apenas comecei contando uma história pessoal.

No carnaval desse ano eu fui para Londres...

Repare em alguns elementos dessa história que foram cuidadosamente inseridos.

Eu cito que viajei no Carnaval e na sequência falo que não gosto do Carnaval e nessa época gosto de viajar.

Essa simples frase pode "guiar" o meu público em uma viagem mental de concordância. É, eu também não gosto do carnaval. Mas o meu objetivo não é necessariamente que a pessoa concorde comigo ou não, mas ativar seus pensamentos através das minhas palavras e através dos estímulos visuais.

Aqui está o link para você assistir ao vídeo:

http://bit.ly/Atalho-Mental-Historia

Como explicado no primeiro capítulo e na Parte 01 desse livro, você consegue atenção do seu público não quando ele **"para de pensar"**, mas exatamente fazendo com que ele continue pensando enquanto você fala.

Ao assistir ao vídeo você irá reparar que os primeiros 15 segundos eu começo quebrando o padrão.

"Muito bem, deixa eu colocar aqui na tela cheia para você ver melhor". Papel e caneta na mão... que eu vou lhe ensinar [promessa].

Eu dou um tom alertando que vou ensinar algo importante e então eu ativo o **Atalho Mental**.

Você não precisa obrigatoriamente usar os mesmos recursos, você precisa encontrar algo que faça sentido para uma **comunicação com o seu público, o meu objetivo é lhe apresentar princípios e exemplos práticos para lhe dar um ponto de partida.**

A pergunta-mestre é: aonde ele vai chegar?

A nossa mente está sempre procurando desesperadamente o final da história, o sentido, a moral de uma história. Quando começo a contar a narrativa da minha entrevista na imigração em Londres e entro na parte da pergunta do oficial, é inevitável que você tenha a curiosidade de saber o que aconteceu.

É totalmente natural que nossa mente procure pelo final da história e isso quase que nos obriga a **"ficar presente"** até o seu fechamento. Porém, é importante ter um ritmo muito bem estruturado para contar esse enredo.

O relato não pode demorar mais que alguns poucos minutos e precisa ser dinâmico, com verbos sempre indicando a ação dos acontecimentos e um desfecho rápido. Caso contrário, você pode **perder a atenção**.

Repare que no começo do vídeo eu prometi que iria apresentar algo, **esse "algo" é a verdadeira razão** pela qual a pessoa clicou no seu vídeo ou texto e é isso que você precisa entregar.

Porém, é preciso ter **habilidade de estruturar a mensagem** e antes de iniciar de fato o conteúdo, usar o **Atalho Mental** para garantir que você será escutado ou lido.

O Atalho Mental do exemplo "sem sentido temporário".

Vou chamar esse segundo modelo de história como **"Exemplo Sem Sentido Temporário"** para ajudá-lo no momento de criação. Eu quero que você pare e pense em algo que no começo não faça nenhum sentido, mas que logo as pessoas entenderão a moral da história.

Vou dar um exemplo prático para você entender.

Eu tenho uma carta de vendas de um treinamento chamado "Palestras Lucrativas", onde começo o vídeo assim:

Oi, aqui é o Natanael e essa é uma imagem do FIFA 2018. Atualmente eu estou na sexta divisão, lutando para chegar na primeira. É, eu já tive dias melhores no FIFA. Mas qual a relação do FIFA com vender todos os dias?

A resposta é simples: para fazer outras coisas que você goste... seja jogar videogame, não fazer nada ou assistir filme, ou ficar com sua família... você precisa de TEMPO. Mas como ter mais tempo se você precisa fazer sua empresa vender? Nesse vídeo eu vou lhe mostrar como organizar suas vendas diárias e automaticamente liberar mais tempo na sua agenda...

MAS COMO TER MAIS TEMPO SE VOCÊ PRECISA FAZER SUA EMPRESA VENDER TODOS OS DIAS?

Essa era a EXATA pergunta que eu sempre fiz... e nesse vídeo vou contar o que descobri.

Qual foi o exemplo sem sentido temporário? FIFA 2018.

Eu começo o vídeo falando do FIFA 2018, jogo de Futebol do PS4, vou contando que estou tentando chegar na primeira divisão.

Qual o sentido desse exemplo? Nenhum. É praticamente impossível que no primeiro momento qualquer pessoa consiga entender por que eu estou falando de videogame em um vídeo de vendas de um produto de marketing digital.

Essa é a grande ideia. Nesse momento eu estou praticamente ativando todas as áreas do seu cérebro em uma supermissão de tentar encontrar algum sentido naquilo.

Quanto maior for a confusão, maior será a satisfação quando receber a resposta. É importante ressaltar que é preciso ter cuidado no momento de criar exemplos, se você entregar algo muito fraco como resposta ou que não tenha um verdadeiro ganho, ali mesmo você pode perder não somente a atenção, mas o respeito da sua audiência.

Quando eu respondo que para jogar videogame, ter momentos de lazer e fazer coisas que você gosta você precisa de TEMPO, ali estou indicando claramente que vou mostrar como você pode vender mais e conseguir mais tempo livre para fazer outras coisas que não seja trabalhar.

Percebe a grande ideia por trás desse pequeno pedaço de texto/vídeo?

É exatamente esse tipo de recursos que você precisa usar para construir mensagens de vendas que façam com que o seu público pare para prestar atenção no que você está falando.

Existe uma segunda maneira para usar o recurso do **Atalho Mental** sem necessariamente recorrer ao uso de uma história pessoal. Você pode utilizar histórias de terceiros.

Como ativar o atalho mental com história de terceiros?

Se você usar os dois tipos de histórias em uma mesma estrutura de vendas, sua mensagem sem dúvida será muito mais poderosa. Porém, existem empresários que não se sentem confortáveis ou consideram que não possuem uma história que possa ser usada.

Particularmente eu nunca vi um negócio que não pudesse usar o **elemento história,** mas respeito quem não deseja, mesmo que inicialmente, utilizar esse recurso com uma história pessoal.

Nesse cenário você pode utilizar histórias de terceiros, de preferência, pessoas conhecidas com histórias "desconhecidas", afinal, o elemento surpresa sempre ativa a atenção.

Vou dar um exemplo prático de como eu uso a história do autor Stephen King.

O trecho é mais ou menos assim:

Recentemente eu estava no avião escolhendo um filme para assistir. Então decidi assistir ao filme IT A COISA. Eu não sabia, mas nos créditos do filme descobri que o filme era baseado na obra de Stephen King. Fiquei ainda mais impressionado com a capacidade dele em criar histórias de sucesso.

Quando voltei para o Brasil decidi pesquisar um pouco mais sobre a história dele e descobri algo que literalmente me deixou sem ar.

Aqui está o que eu descobri: o primeiro livro dele foi recusado por diversas editoras e, chateado, ele literalmente jogou seu livro no lixo. Foi sua esposa que resgatou o material e o convenceu a continuar tentando. Pouco tempo depois ele fechou um contrato e aquele foi o seu primeiro grande sucesso.

Infelizmente, é exatamente isso que tem acontecido com muitas pessoas no mundo dos negócios. Eles estão literalmente jogando toda sua obra, seu trabalho duro na lata do lixo. Tudo isso porque não aprenderam como vender seu produto/serviço, acabam sendo ignorados.

Link para o vídeo completo:

http://bit.ly/Palestras-Lucrativas

Vou ajudá-lo agora exatamente como fazer com que as pessoas valorizem o seu trabalho. Em outras palavras, como transformar sua obra em algo realmente lucrativo.

Percebeu? **O meu objetivo é fazer com que o leitor entre na história do Stephen King,** se identifique com aquela situação, reconheça ali os mesmos <u>problemas e deseje ardentemente o mesmo desfecho em sua história.</u>

A parte do *"literalmente jogou sua obra no lixo"* é reforçada pela parte do *"infelizmente, muitos empresários estão fazendo exatamente isso com sua obra e com o seu trabalho."*

É quase como se eu estivesse perguntando: **Você vai continuar fazendo isso? Jogando seu trabalho no lixo? Está na hora de trabalhar de maneira inteligente.**

Se você conseguir fazer com que o seu público se identifique com a sua história pessoal ou com a história de um terceiro, você acabou de ganhar um ponto muito importante na meta de transformar atenção em lucro.

<u>Antes de tentar vender qualquer coisa, você precisa primeiro garantir que a pessoa esteja prestando atenção e concorde que você esteja falando exatamente sobre os problemas que ela tem e sobre os desejos que ela tem.</u> Simples assim.

Albert Einstein certa vez disse: *Se os fatos não se encaixam na teoria, modifique os fatos*. Você precisa de fatos que comprovem sua teoria, isto é, a solução que sua empresa oferece através do seu produto/serviço.

É o seu papel parar e encontrar fatos, exemplos contextos que possam sustentar tudo o que você apresentará ao seu público. Esses **Atalhos Mentais** não somente irão ativar a atenção, mas sutilmente irão ganhar a confiança do seu público em questão de segundos.

Tudo o que você precisa é que o seu público diga mesmo que mentalmente: **Isso é verdade. Faz sentido. Concordo. BINGO!**

Mas como diz Stephen King: *Antes da vitória vem a tentação.*

É muito comum que empresários, consultores e profissionais de marketing acabem cedendo à tentação de procurar pelo caminho mais fácil de criar mensagens ou argumentos de vendas.

Infelizmente, como a maioria faz isso, o que você encontra são mensagens genéricas, fracas e sem uma base sólida e consistente.

A boa notícia é que se você está lendo este livro, está dando um passo difícil de se aprofundar em um tema complexo, porém, a **recompensa valerá a pena**.

E olha que não estou falando do lucro que provavelmente você irá gerar colocando esses conceitos e estratégias em prática.

Particularmente acredito fortemente no que minha mãe sempre diz: *Meu filho, o conhecimento liberta as pessoas*. Esse é um conhecimento que pode lhe dar liberdade de finalmente saber o que você está fazendo, de finalmente ter **um método para chamar atenção das pessoas e transformar desconhecidos em clientes. Mais do que isso, transformar clientes em multicompradores.**

Como usar o Atalho Mental através de analogias?

Nada é tão poderoso quanto boas histórias para conseguir ativar o **Atalho Mental**, mas existe uma segunda opção que é a utilização de uma **analogia**.

Particularmente eu sempre recomendo que você use **os três elementos dentro de uma mesma mensagem de vendas.**

1. História pessoal
2. História de terceiros
3. Analogias

Vou especificar um pouco mais sobre como usar analogias.

A estrutura-padrão para usar uma analogia é essa:

Se você tiver coragem de [Analogia] você conseguirá [Promessa].

Por exemplo: se você tiver a coragem para apertar esse botão vermelho, o seu negócio pode ir para o próximo nível mais rápido do que você possa imaginar...

O uso de analogias nesse contexto está sempre relacionado com a meta de deixar de **maneira mais tangível algo abstrato**.

Quando eu falo algo do tipo:

– Se você apertar esse botão vermelho, você vai para o próximo nível.

O botão vermelho é algo que você consegue imaginar claramente.

Agora imagine que eu fale:

– Você precisa sair da sua zona de conforto para alcançar o próximo nível.

Como se parece uma zona de conforto? Percebe como fica algo mais abstrato?

Então no meu discurso eu posso usar algo mais ou menos assim:

Existe uma ação que se você tomar a decisão de fazer isso agora, rapidamente terá a oportunidade de colher os resultados.

Eu vou falar sobre apenas uma única ação que você precisa de coragem para tomar agora. Essa única ação o levará para o que eu chamo de O Próximo Nível.

Você precisa apertar esse botão vermelho. Mesmo que seja algo que você fará mentalmente, eu quero explicar o que acontece quando você apertar esse botão.

Apertar esse botão significa explodir literalmente sua zona de conforto. É ter coragem de começar algo novo, desconhecido e que você ainda não domina.

A única certeza que você tem é que isso o levará ao próximo nível, mas será necessário ter a coragem de dominar algo que você ainda não tem conhecimento.

E então, você tem coragem?

Perceba que essa analogia está **preparando a pessoa para ouvir uma mensagem, ouvir uma recomendação**, mas é como se você estivesse preparando a pessoa também **para "aceitar" sua recomendação.**

Quando alguém lhe pergunta:

– Você tem certeza que quer fazer isso? **Se quiser desistir o momento é agora.**

Esse reforço de decisão pode ser usado exatamente para gerar **mais comprometimento nas pessoas.**

Por exemplo: imagine um técnico de futebol que o time empatou no tempo normal e prorrogação e agora precisa ir para os pênaltis.

Então ele pergunta: Quem aqui quer se candidatar para bater o pênalti? O jogador que tomar a decisão de se oferecer para a cobrança, assumiu uma responsabilidade ainda maior, concorda?

O Atalho Mental acontece também quando o seu público entende que ele está no controle.

Imagine que você está em um grupo de aproximadamente seis pessoas e todos estão discutindo sobre qual o restaurante vocês devem ir.

Você está no grupo que fala: Tanto faz.

Mas imagine que alguém levanta e defende: **Vamos deixar o [seu nome] decidir.** *Afinal, ele conhece a cidade melhor que todos nós. O que ele falar, iremos fazer.*

E alguém pergunta:

— Você pode fazer isso?

Se você respondeu que sim, automaticamente você assumiu um papel de responsabilidade que lhe **exigirá muita atenção e foco no agora**.

Como fazer isso usando uma carta de vendas ou um vídeo de vendas?

A lógica da Analogia continua a mesma, você cria situações condicionais. **Se você quer [Desejo] você precisa [Necessidade de conhecimento].**

Ou

Se você fizer [ATIVIDADE que exige coragem] você conseguirá [Meta desejada].

Se você voltar um pouco nesse livro perceberá que eu fiz isso com você.

Vou repetir o trecho:

Mas como diz Stephen King: Antes da vitória vem a tentação.

É muito comum que empresários, consultores e profissionais de marketing acabem cedendo à tentação de procurar pelo caminho mais fácil de criar mensagens ou argumentos de vendas.

Infelizmente, como a maioria faz isso, o que você encontra são mensagens genéricas, fracas e sem uma base sólida e consistente.

A boa notícia é que se você está lendo este livro, você está dando um passo difícil de se aprofundar em um tema complexo, porém, a recompensa valerá a pena.

Repare que eu começo levando para uma frase cuidadosamente escolhida para defender a ideia seguinte que é a **"tentação"** de fazer o mais fácil.

Em outras palavras, eu disse que o fato de você estar lendo esse livro, significa que você tomou a decisão de fazer aquilo que é o mais difícil. Parabéns por essa decisão, você alcançará boas recompensas.

Apenas um comentário importante para o leitor mais atento. Se você reparar com muita atenção, **tudo o que estou lhe ensinando a fazer eu estou fazendo com você nesse livro.**

A escrita dessa obra exigiu um **duplo planejamento**. <u>O primeiro de como passar a mensagem de uma maneira clara e o segundo de como gerar a mesma experiência que você deseja alcançar com o seu público, que é</u> **"reter a atenção"**.

Se você está comigo até aqui, é provável que esteja funcionando. Isso é algo que dificulta um pouco o meu trabalho como autor e pesquisador dessa área de atuação.

Eu só ensino aquilo que eu faço, apesar de isso ser algo positivo é também um fator de dificuldade maior, afinal, é como um mágico que fica o tempo todo revelando as suas mágicas.

Quando o leitor começa a dominar o método, em vários momentos **ele consegue identificar**: "Ele está usando o atalho mental." O mesmo acontece com os vários outros recursos que lhe ensinarei.

Esses últimos dois parágrafos, por exemplo, fazem parte de um recurso chamado de **"Jornada da Descoberta"** que é o momento que você permite que o **seu** público conheça bastidores totalmente desconhecidos do seu produto/serviço/empresa/rotina.

Agora que você deu um passo importante na arte de transformar atenção em lucro, dominando o conceito do **Atalho Mental,** podemos seguir em frente para o próximo capítulo.

Capítulo **10**

O SEGREDO PARA ATRAIR PESSOAS PARA OUVIR SUA MENSAGEM

No último capítulo falamos sobre o poder de um discurso lucrativo, a importância de estruturar uma mensagem com a clara meta de chamar atenção, engajar e convencer. Em outras palavras, como falar para vender.

Esse é o sonho de todos os empresários e profissionais de marketing do mundo, dominar a arte de falar para vender. Mas existe um elemento que se não for trabalhado com a mesma atenção irá simplesmente frustrar todos os seus planos, metas e resultados financeiros.

Estou falando de uma audiência qualificada e em volume suficiente para bater suas metas de faturamento e lucro.

Quanto maiores as metas financeiras da sua empresa maior sua necessidade de mais audiência. Além disso, um outro fator completamente ignorado pela grande parte dos empresários e profissionais de marketing está na qualificação do público.

É muito comum confundir público qualificado com "público informado", isto é, os profissionais de marketing tendem a acreditar que quanto mais uma pessoa recebeu informação mais fácil será lhe vender algo.

Essa é uma premissa interessante e apesar de ser uma visão lógica e coerente é em grande parte falsa na maioria dos casos.

Uma pessoa que recebeu muitas informações não significa necessariamente que ela consumiu aquela informação e mesmo aqueles que consumiram a informação não significa necessariamente que entenderam e mesmo aqueles que entenderam não significa que eles estão convencidos ou desejando o seu produto.

Uma pessoa que assistiu várias palestras e vídeos ou leu inúmeros artigos sobre sua grande promessa, não representa um público qualificado, apenas um público que recebeu muitas informação. Apenas isso.

Na minha visão, um público qualificado significa um público que já demonstrou interesse prático no seu produto ou serviço, entenda o "interesse prático" como um público que já fez algum tipo de investimento financeiro com a sua empresa.

É muito comum profissionais de marketing que dedicam horas e horas na mensuração do comportamento dos seus visitantes. Quantas páginas foram visitadas, quantos minutos o vídeo foi assistido, quantos cliques, quantos artigos lidos, entre outros vários dados.

Porém, como defendido anteriormente, o simples fato de alguém consumir várias peças de conteúdo, apesar de demonstrar um certo interesse e dedicação acerca do tema, não pode ser colocado como um indicador final de qualificação do público.

Por essa razão que tenho defendido que a melhor maneira de qualificar um público não é entregando mais informações ou conteúdos gratuitos, muito pelo contrário, a maneira mais eficiente de qualificar uma audiência é vendendo algo para ela.

Existe uma diferença gritante entre alguém que diz: "Eu tenho interesse" entre aquela pessoa que diz: "Onde eu pago?" e realmente compra.

Se você quer mais tráfego, faça mais vendas.

O mundo do tráfego, isto é, dos visitantes, cadastros e leads, tem sido colocado em muitos cenários como o fator mais importante para o crescimento de uma empresa no mundo digital.

Essa é uma meia-verdade. Não é à toa que muitos empresários têm dedicado quantidades expressivas de dinheiro em anúncios no Google e Facebook, sempre com a visão que o retorno para esse investimento seja algo certo.

Já presenciei empresários que investiram cerca de R$ 1 milhão em aproximadamente 3 meses, com a meta de gerar em retorno o valor de R$ 6 milhões e quase não conseguiram recuperar o seu investimento inicial.

Em outro caso, o empresário investiu cerca de R$ 300 mil em aproximadamente 45 dias, com o objetivo de gerar o retorno de R$ 1 milhão. O resultado não foi nada do esperado e ele vendeu cerca de R$ 292 mil.

O ponto-chave é que simplesmente ter dinheiro para ser visto não significa que você será capaz de gerar vendas. Vou mudar um pouco essa frase.

Não significa que você terá lucro.

É claro que quanto mais verba você tem, maior o seu potencial de alcance e venda, no entanto, isso não necessariamente se transformará em lucro líquido.

Alguns empresários investem R$ 900,00 por venda com um produto de R$ 1.000,00. A margem de lucro nesse caso, de R$ 100,00. Isso sem contar com as taxas da plataforma e imposto, nesse caso, a margem de lucro fica ainda menor.

É por isso que no final das contas, esse último capítulo pode ser facilmente respondido com o primeiro capítulo.

A solução mais inteligente para você conseguir atrair mais e mais pessoas através da internet está exatamente na sua capacidade de chamar atenção do seu público e manter essa atenção ligada por toda a sua mensagem.

É muito comum você ouvir frases do tipo: "Atenção é o principal ativo de uma empresa." Eu concordo 100% com essa frase.

Mas ela é incompleta. Conseguir ATENÇÃO e transformar essa atenção em uma AÇÃO é o verdadeiro objetivo.

Apenas chamar atenção sem uma campanha desenhada para que o público siga, passo a passo, até o momento da compra, não irá gerar resultados.

Você transforma atenção em uma ação, passo a passo, que potencialmente gera vendas.

Eu vou simplificar isso para você gravar essa estratégia.

1. Você entende como a mente funciona no que envolve atenção.
2. Você usa esse conhecimento para criar mensagens que chamem atenção.

3. Você coloca o seu público em uma campanha de vendas.

4. Você faz uma oferta.

5. Você repete o processo com novas abordagens.

Infelizmente, a maioria dos empresários se concentra em apenas 1% que diz sim e se esquece dos 99% que dizem não.

Uma taxa de conversão normal na internet é de 1%. Na verdade, essa é uma taxa excelente para muitas empresas. O mais comum é algo abaixo de 1%, 0,5% ou até menos que isso.

O que você faz com os 99%? A maioria não faz absolutamente nada.

A melhor estratégia para conseguir atrair mais pessoas para ouvir a sua mensagem é exatamente olhar para os 99%. Por quê?

Em muitos casos a mensagem que estamos apresentando para o nosso mercado, simplesmente está falando de uma pequena parte do problema do seu público, muitas vezes, algo que não desperta tanto a atenção em si.

Eu vou lhe dar um exemplo prático.

Quando comecei a vender o meu treinamento Expert em Vendas Online, eu falava o seguinte:

– Eu vou lhe ensinar a se tornar um Consultor de Marketing Digital.

Com essa mensagem eu estava atraindo pessoas que não eram consultores e que poderiam ter o interesse em se tornarem consultores.

Foi então que comecei a colocar em prática os conceitos que estou lhe ensinando.

Eu decidi ampliar a mensagem, me concentrando em problemas que poderiam chamar atenção de um público diferente.

Foi quando comecei a falar sobre: como cobrar por uma consultoria de marketing digital.

Essa simples mudança me fez praticamente triplicar a minha taxa de conversão, em outras palavras, reduzi meu custo por venda e aumentei a minha margem de lucro.

Com essa nova mensagem eu comecei a falar com pessoas que já eram consultores, já cobravam por uma consultoria e estavam em dúvida se estavam cobrando do jeito certo.

Além disso, pessoas que ainda não eram consultores, também se interessaram pelo material, afinal, cobrar parece ser um primeiro passo importante. Bingo, bingo e bingo.

A mudança foi tão forte e tão impactante que eu consegui aumentar o meu investimento em publicidade praticamente do dia para a noite, com muita segurança do resultado.

Tudo o que ensinei até agora nos leva para esse grande fechamento que é a sua habilidade de atrair novas e novas pessoas para ouvir a sua mensagem.

Mas perceba que eu coloquei isso como a última parte e não como a primeira parte, como a maioria das pessoas fazem.

Por quê?

Simplesmente porque investir dinheiro para atrair pessoas para ouvir uma mensagem fraca é um passo certo para perder dinheiro.

O momento da escala, o momento de aumentar o seu investimento precisa ser planejado e preparado com muita atenção. Não existe uma preparação melhor do que preparar a sua mensagem.

Não existe melhor maneira de preparar uma mensagem do que entender como a mente funciona na parte da atenção. Em outras palavras, primeiro você aprende como criar mensagens poderosas e somente então, chegou o momento de promover a sua mensagem.

Por mais óbvio que isso possa parecer, é completamente o contrário do que muitos empresários têm feito na internet.

Muitos criam anúncios e jogam qualquer texto, qualquer título, qualquer mensagem. Outros investem horas e horas a fio produzindo conteúdos que simplesmente estão entregando informações úteis, mas que de maneira alguma irão persuadir o seu público a comprar algo.

A verdade é que existe uma maneira muito mais inteligente de transformar o seu conteúdo em lucro, algo muito mais fácil, rápido e inteligente de ser feito.

Mas esse é um assunto para outro momento. Talvez um próximo livro.

99% dos empresários estão totalmente perdidos quando o assunto é criar mensagens poderosas. Os outros 1% estão enriquecendo.

O que você aprendeu neste livro pode literalmente ser a diferença entre você se humilhar por atenção na internet *versus* você conseguir gerar um movimento de vendas extremamente forte para a sua empresa.

O que você aprendeu nos últimos capítulos pode literalmente levá-lo para um caminho mais rápido, seguro e lucrativo. E o mais importante de tudo isso: sem precisar perder tempo com coisas desnecessárias.

Antes de criar o seu próximo anúncio, antes de investir R$ 1,00 sequer em publicidade online ou mesmo pensar em criar um conteúdo, use esse livro como um guia, um manual de consultas e certamente você terá uma caminho muito mais seguro para trilhar.

Espero que você tenha aproveitado cada um dos capítulos, cada ensinamento, cada informação e cada estratégia.

O que você tem nas suas mãos agora pode levar sua empresa para o próximo nível. O melhor de tudo é que nesse momento você está assumindo o controle das suas vendas e dos seus resultados.

Com o que você aprendeu é possível influenciar diretamente os gráficos de vendas da sua empresa. Mais do que isso, com o que você aprendeu, agora está nas suas mãos decidir se você quer levar a sua empresa para o próximo nível ou não.

O poder do conhecimento agora está nas suas mãos. Espero que você escolha usar esse conhecimento imediatamente, antes que os seus concorrentes comecem.

Deixar para depois pode ficar muito caro ou ser tarde demais. Agir agora e colocar tudo isso em prática é a decisão mais inteligente e que pode trazer os melhores retornos financeiros.

Espero que você tenha aproveitado essa incrível jornada de conhecimento.

Muito sucesso e muitas vendas. Claro, Vendas Todos os Dias.

Grande abraço

Fica com Deus

Vamos em Frente

Natanael Oliveira

Conclusão

PALAVRAS FINAIS

Quase tudo o que você aprendeu sobre gerar mais tráfego, leads e lucro no mundo online, não é exatamente o que dizem.

Existe uma diferença absurda entre teoria e prática. Correto?

Mas no ambiente online esses dois mundos podem ser completamente diferentes. Conceitos e teorias sobre como vender online, na grande maioria dos casos se transformam em puro prejuízo.

Uma dessas teorias é a de que quanto mais pessoas você conseguir atrair para visualizar a sua oferta, mais vendas você conseguirá fazer.

Esse pensamento tem uma explicação. Muito lógica por sinal e até certo ponto baseada em dados.

No passado, por volta do ano de 2002 até aproximadamente o ano de 2009-2010, existia uma relação muito direta entre tráfego e vendas.

Empresas que conseguiam gerar um volume maior de tráfego, geralmente eram as que conseguiam ter um maior volume de vendas.

Com o passar do tempo e a queda nessa proporção entre tráfego e vendas, surgiu um conceito da "Otimização da Conversão" e até estudos sobre "microconversões" e uma série de outros elementos.

A meta era tentar vender mais com o mesmo volume de tráfego. Em outras palavras, conseguir melhorar a a relação entre tráfego e vendas.

Por mais um período de tempo isso gerou bons resultados. Até que duas coisas começaram a acontecer.

A primeira foi que o custo para investir em publicidade online (por mais que ainda seja muito barato), foi aumentando gradativamente.

Cada vez que o número de anunciantes online aumenta, a concorrência é maior e o custo por clique aumenta. Isso gera um efeito bola de neve que aumenta o custo por venda.

Ou seja, se uma empresa estava com uma taxa de conversão de 10%. A cada 100 pessoas, 10 estavam comprando, o custo para atrair 100 pessoas aumentando, o custo por venda aumenta.

Mas o segundo fator que poucos estão prestando atenção é o aumento da oferta. Existem tantos produtos/serviços sendo oferecidos no mundo online, que a concorrência e as opções estão literalmente "bagunçando todos os números".

Em outras palavras, aqueles profissionais de marketing que usavam suas planilhas como uma maneira de prever, simular ou registrar os resultados, começaram a se sentirem perdidos.

A taxa histórica era de X% mas "de repente"

mudou. E outras situações como essa.

Estamos na era da "mineração de dados", Big Data, etc. São evoluções extremamente importantes, porém, nesse momento eu vejo como algo super valorizado.

Eu reconheço e acredito na importância, porém, os dados jamais irão substituir a mente de um profissional de marketing, capaz de se comunicar com a alma de um público.

As máquinas podem até entender os padrões de comportamento de um público. Elas podem até prever suas ações e identificar suas preferências, no entanto, elas jamais conseguirão conversar com os sentimentos, subconsciente e mais uma vez, a alma das pessoas.

Esse é um papel que somente um outro ser humano é capaz de fazer.

Talvez eu esteja errado? Essa é uma grande possibilidade. Afinal, eu sou humano.

Essa é a característica natural do ser humano. Passível de erros, interpretações diferentes, visões de mundo diferentes.

Conhecer o seu público não envolve simplesmente saber a sua idade, sexo, região ou interesses, significa buscar compreender o que move as pessoas, quais os seus valores, quais os seus anseios mais profundos.

Não Me Faça Dormir significa se importar verdadeiramente com o seu público. Se importar com aquilo que eles se importam.

O seu produto/serviço tem o poder de mudar a vida do seu cliente para melhor? Então é a sua obrigação apresentar a sua mensagem de uma maneira inteligente e atrativa.

Menos números. Mais sentimento.

Menos dados. Mais Histórias.

Estamos chegando no final desse livro. Mas afinal, essa jornada foi uma jornada de conhecimento, descobertas, insights ou tudo isso ao mesmo tempo?

É provável que tudo isso ao mesmo tempo.

Você conseguiu ler esse livro e ao mesmo tempo ter ideias, alcançar descobertas.

Nesse momento que você está lendo essas últimas palavras. A voz que você está escutando lendo cada linha é a sua ou a minha como autor?

Escrevendo essas últimas linhas eu consigo visualizar você lendo esse livro mas não consigo entender exatamente o porquê você está lendo esse livro e quais as vitórias você está tendo com essa leitura.

Essa é a beleza da comunicação. Seja ela em um texto ou vídeo.

Nunca saberemos 100% se a mensagem foi passada da maneira como ela foi planejada.

No mundo online conseguimos saber se uma mensagem foi boa pelos seus resultados.

Vendeu? Então foi uma boa mensagem. Essa é a métrica mais importante de todas.

Mas eu quero encerrar colocando mais uma "métrica" para a sua empresa. É uma simples pergunta: Transformou?

O seu conteúdo, o seu produto/serviço está transformando a vida dos seus clientes?

Você se importa com os seus clientes de verdade?

Parabéns! Você está no caminho do longo prazo. Como eu gosto de dize: Uma casa edificada na rocha.

Eu gosto de encerrar as minhas palestras usando o seguinte versículo.

> *Porquanto, qual de vós, desejando construir uma torre, primeiro não se asseta e calcula o custo do empreendimento, e avalia se tem os recursos necessários para edificá-la?*
>
> Lucas 14:28

Quem disse isso? Jesus Cristo.

Jesus também falou sobre planejamento. Preparação que significa: Se preparar para uma ação.

Eu quero te reconhecer nesse momento, pois se você está aqui terminando esse livro, você está investindo no seu planejamento. Na sua preparação.

No verso seguinte Jesus diz:

> *29 Para não acontecer que, havendo providenciado os alicerces, mas não podendo concluir a obra, todas as pessoas que a contemplarem inacabada zombem dele*

Jesus fala sobre os projetos inacabados. Coisas que começamos mas não terminamos. Falamos que vamos fazer, criamos planos mas não conseguimos finalizar.

Quanto mais você se prepara, maiores as suas chances de conseguir finalizar os seus projetos, planos e metas.

Parabéns por você estar se preparando. Espero em breve ouvir notícias suas com os seus resultados e que você possa fazer parte do grupo #EuVendoTodosOsDias

Essa é a mensagem que eu quero deixar para encerrar essa obra. Agora que eu estou finalizando esse livro, vou começar a trabalhar no próximo.

Eu vou te fazer um pequeno pedido. Indique esse livro para os seus amigos.

Faça um review na Amazon, grave um vídeo falando sobre o seu aprendizado com esse livro e me ajude a levar esses ensinamentos para o maior número de pessoas possível.

Vamos ajudar as pessoas a "acordarem" para a grande oportunidade de vender todos os dias.

Vamos ajudar o nosso mercado para elevar a qualidade das nossas estratégias. Mensagens mais atraentes, técnicas bem executadas e planejamentos bem realizados.

Posso contar com você nessa jornada?

Mais uma vez.

Muito obrigado

Deus te abençoe e Vamos em Frente

#EuVendoTodosOsDias

PS: Poste uma foto do livro no Instagram usando a Hashtag
#NaoMeFacaDormir e #EuVendoTodososDias,
me marque na sua postagem http://instagram.com/natanaeloliveira/
para receber um BÔNUS exclusivo.